認清與化解限制台灣發展的

五一大

矛一盾

戴東清 著

張序

　　我院任職國際系的戴東清教授，多年來秉持其專業素養持續關注兩岸關係及未來走向，2022年出版《2025-2027台海一戰？》一書，分別從美國內部因素、大陸內部因素以及台灣內部因素深入分析，研判台海一戰的時間點就落在2025-2027年之間，同時也試圖尋求避戰上策。付梓以來引發熱烈討論。時序更迭，兩岸情勢僵局如故未見緩解，東清老師進而溯源當前台灣兵凶戰危的遠因，以及台灣何以陷入永續發展結構性矛盾的緣由。為此，東清教授再度發揮去年盛夏閉關撰寫《2025-2027台海一戰？》一書精神，於地球迎來有紀錄以來最炎熱的今夏之際，於汐止山居完成了《五大矛盾限制台灣發展》一書。開學後，我詢及塵世如此熾熱，何以能靜心完成，他謙稱是責任感所致，想為歷史留下見證。僅此一點，東清教授的努力也令人十足感佩了。《五大矛盾限制台灣發展》一書，首先回顧了台灣在1960至1990年的經濟起飛，經濟表現深受其他開發中國家羨慕，與南韓、新加坡，香港合稱「亞洲四小龍」，更被

視為東亞經濟奇蹟。同時，台灣經濟奇蹟的成果更跳脫了拉美國家「依賴理論」的陷阱，亦即顛覆了拉丁美洲國家需要依賴美國等已開發國家發展之假設。然而，吊詭的是，伴隨著台灣民主化的腳步加快，過去隱而未現的矛盾逐漸浮上檯面，進而牽制了台灣向前發展的進程。書中直指這限制台灣永續發展的矛盾共有五項，分別為政治與憲法的矛盾、政治與經貿的矛盾、政治與軍事的矛盾、統一與不統及獨立的矛盾，以及全球化與本土化的矛盾。同時，書中援引大量的客觀數據、民調與文獻，作為論述佐證資料，堪稱是有憑有據。本書結尾時東清教授強調，台灣天然資源極其有限，主要是依賴人力資源與政府適切的政策引導，無奈的是教改實施以來，台灣的人力資源正在逐步流失，政府政策又侷限於短期政治考量，未能有效發揮引導市場發展的作用。東清教授進而慨嘆，大國因為資源豐富，即使政策失誤後要調整也能迎頭趕上，可是小國如台灣，若政策失誤可能面臨萬劫不復的處境，怎能不如臨深淵、如履薄冰呢？運筆至此，東清教授憂國憂民之心溢於言表。東清教授是本院同仁，也是多年好友，今謬承其邀約為大作作序，乃爰筆略述如上，以記此書微言大義及時代意義。是為序。

南華大學社會科學院院長　張裕亮　敬啟

2023.9.21

▋黃序

　　東清兄過去的出版作品，聚焦在當時的兩岸議題，快準的分析論述，往往直指問題的關鍵，讀者群一定能夠感受到他對台海兩岸關係的關切、憂慮以及前瞻的觀點。

　　這次他將鏡頭拉遠了，用更深長的視野，更寬廣的範疇，來檢視已經被矛盾困在籠子裏的很久台灣，在籠子內台灣還被五個鈍重的枷鎖拉扯，拉與扯的力道互相抵消，掙扎的過程傷得不輕，卻還總是回到枷鎖緊扣的原點，而台灣卻仍然在籠子裡。

　　戴老師和讀者一樣都是凡人，對於「政治與憲法、政治與經貿、政治與軍事、統一與不統及獨立，以及全球化與本土化」的五大矛盾自然都有深刻感受。面對這些矛盾而不心生焦慮者，難稱愛台，而東清能以博學、審問、慎思、明辨的態度，仔細爬梳問題的癥結，把線頭抽拔出來，就看當政者能否出手拉直，則本書提出「何不擱置爭辯，全力發展經濟並厚植台灣的各項實力，如此才有能力走出自己認可的路」說明了幾

乎失去判斷本身利益而隨強權不斷飄移的台灣困境。「有機的結合」是將兩極的「對立」帶向「統一」的方程式，東清點出了關鍵，但路徑仍需要政學界菁英同心努力，一道劃出路線。

天道酬勤，戴老師以不移的努力精神，在教學、研究、探索、勸世的道路上，逐步向前，踏實邁步，當為同儕及學生之明鏡。

黃介正2023年10月8日於美國華府

趙序

　　近年來台灣紛擾不斷，台海情勢風高雲急國安頻傳危機，民進黨一黨獨大，不但不思如何鞏固民主價值，反而處處以執政優勢弱化對手；而國際外交風雨交加，主權存續令人捏把冷汗，各種問題紛至沓來，有識之士焦慮不堪。值此逆境，朝野本當齊心協力共度難關，然而，藍綠對立下支持者的價值信仰體系南轅北轍，難以坐論國政。導致藍綠分裂的原因很多，戴東清教授的這本大著，從政治、經濟、軍事、統獨以及全球化等面向，列舉當前台灣面臨的最重要的五個矛盾，讀來令人唏噓！

　　在正常的情況下，憲政擘畫的制度設計匯集了被治者的基本共識，提供了參與權力遊戲的個人或團體一套共同遵循的法則，也因為這種憲政共識，使得民主政治行為得以合理化。既然名之為不可逾越的根本大法，朝野黨派對峙有其限度，不致演變為零和式的敵我矛盾。

　　但台灣的情況是，憲法定位的中華民國主權和國家統一

的大政方針，在實際政治運作上，不知道什麼時候已經變成台灣主權事實獨立，憲法明定的法律固有領土，也已經被偷渡到事實管轄所在地。就兩岸問題而言，維持台海現狀、在和平穩定的環境中追求發展，無疑是最大多數人的最大心願，怎麼會主動挑起兩岸矛盾走上仇中抗中的道路，而置生民塗炭於不顧？種種案例印證台灣確實不太正常！

再看全球化和本土化議題。既然政治社群乃是居住在固定土地上的一群人，基於某種共同認知或生活體驗而有意識建構的有機體，因此，每個政權背後，必然有它特殊的歷史人文屬性，而制度成長過程中環境的變遷，更強化了社群政治文化的特殊性，這種特殊性或可將之稱為本土性。立基於此，每個國家無不競相對外創造具有競爭力的外在價值，而國際化或全球化的能量越大、介入越深，影響也就越高，民生福祉也越好。依此，本土性和國際化本是國家發展中相輔相成的雙引擎，怎麼會變成對立的互斥選項？

要解答上述看似簡單的問題並不容易，關鍵在於政治上權力和利益不一定相向而行。不論民主或專制，權力永遠都是從政者追尋的首要目標，有能力擠入政治權力內核之士，為達目標經常不擇手段，如何贏得大選攫取政權，也就成為民主政治常態，唯有政權到手，才會思考國家發展與國家利益。問題

是，國家利益和民主價值能否兼容並蓄？這不僅牽涉個別政治
人物的養成教育與責任感，更重要的是選民自已的素養和判
斷。不幸的是，選民喜好聳動感性永遠超過理性問政，也就難
怪我們的國家治理，經常是矛盾的統一體了！

趙建民　謹識

中華民國112年中秋節夕

自序

　　本書從亞太營運中心談起，說明台灣本來有非常好的經濟發展條件，但是因為對於內外在情勢的判斷失誤，以致讓有利於台灣發展的政策胎死腹中。台灣缺乏天然資源，唯二有利的發展因素，就是人力資源與政府順應市場的政策引導，以致能成為亞洲四小龍之一。近年來因為教育資源不足並過度分散，使人力資源與過往相比，競爭力有下降趨勢，不過能仍維持一定的水準。反觀政府政策受到過多意識形態的影響，未能有效發揮引導市場發展的作用，整體國家競爭力已大不如前。

　　民主政治本是少數服從多數、多數尊重少數，並藉此凝聚國家發展共識的好制度。然而隨著台灣民主化的腳步加快，過去隱而未現的矛盾逐漸浮上檯面，每一次的選舉，都造成共識的撕裂，進而牽制了台灣向前發展。本書發現目前限制台灣永續發展的矛盾共有五項，分別為政治與憲法的矛盾、政治與經貿的矛盾、政治與軍事的矛盾、統一與不統及獨立的矛

盾，以及全球化與本土化的矛盾。矛盾不化解，台灣的明天將是黑白的，而不是彩色的。

本書的出版，首先當然要感謝張裕亮教授、黃介正教授、趙建民教授（按姓名筆劃順序）為本書寫推薦序，增加本書的可讀性，也為本書增色不少。其次，要感謝本書的編輯，在本書出版上所提供的協助。再次，也要感謝親愛的家人，總是在背後默默支持個人的研究工作。最後，要感謝的就是本書的讀者，透過閱讀本書及分享書中的觀點，能為台灣的發展提供些許助力。

目次

圖表目次

第一章　導論

第一節　從亞太營運中心談起

　　1995年台灣行政院正式通過經建會提出的發展台灣成為亞太營運中心的計畫，[1]該計畫規劃有六大中心，分別為「製造、空運、海運、金融、電信、媒體」中心等。[2]據當初參與規劃中心的杜震華教授表示，只要有2百家跨國企業總因為亞太營運中心遷至台灣，每家有3百個高薪工作，就會有6萬個高薪工作產生，年輕人就不必遠渡重洋去賺取高薪了。[3]然而這樣對台灣經濟發展有利的計畫，在1996年8月故總統李登輝提出「戒急用忍」政策後而胎死腹中。[4]

---

[1] 經建會，中華民國八十三年經濟年報──發展台灣成為亞太營中心，台北：經建會編印，1995年7月，頁138。

[2] Ibid.

[3] 杜震華，李登輝與亞太營運中心，Cofacts，2020年8月10日，https://cofacts.tw/article/35qplpbadz603。上網日期：2023年1月2日。

[4] Ibid.

若是亞太營運中心計畫能夠順利施行，台灣如今的發展局面應該與過去不可同日而語。遠東經濟研究顧問社接受經濟部投資業務處之委託，針對亞太營運中心進行可行性評估。[5]研究發現台灣在「生產要素條件」上明顯領先香港及新加坡；在「區位與經社條件」上，則與香港共同領先了新加坡；在「交通與通訊」上，台灣在海路運輸、陸路運輸、電訊郵政及金融服務明顯落後於香港及新加坡。[6]此外，外商對台灣成為亞太營運中心的構想，首要建議為「減少政府官僚化、提高行政效率」。[7]換言之，台灣不是沒有機會成為亞太營運中心，只是需要走對方向。然而因為政治的原因而喪失機會，殊為可惜！

　　時任交通部長的前行政院長劉兆玄，曾說明亞太營運中心為何非做不可，原因是：「未來北美、歐洲和亞太是大家公認的三大經濟區域中心。而如果我們把中國大陸、台灣、香港和新加坡的經濟實力加起來看，華人的經濟圈更是不容忽視。所以要做這個營運中心，我們在文化和地利上，的確佔了一些優勢。就危機來說，現在中國大陸的經濟成長率每年都是雙位數字，就像台灣當年的經濟起飛一樣。而如今，台灣已經

5　遠東經濟研究顧問社徐小波等，在台灣設立亞太營運中心可行性研究，台北：經濟部投資業務處編印，1994年1月，頁iii。
6　Ibid.
7　Ibid.

到了發展的瓶頸，只剩下三到五年的好時光，不把握就來不及了。就像以前做十大建設時說『今天不做，明天就會後悔』一樣，現在要做亞太營運中心，時機很重要，今天不做，以後也不必做了。」[8]

劉兆玄另外表示「台灣位居東北亞和東南亞之間的樞紐地位，不是其他地方可以取代的。……以飛行的時間來講，就亞洲幾個重要都市來說，台灣到每一點的飛行時間可以說是最短的——在兩個半小時之內都能到達。這一點唯一能跟我們比的是上海。但是上海只是一個河港，淤積得很厲害，現在三萬噸以上的船不容易靠，即使吞吐量大，真正國際的航運很有限。要注意的是，上海附近有很多港口正在發展，我們不加緊就很快會失去目前的優勢。」

果不其然，在2000年前曾高居全球第3大貨櫃港長達8年的高雄港，2000年被南韓釜山港擠到第4，2002年被上海超越，2003年被深圳超越，2022年的最新排名，已經從第16降到18，更遑論被寧波、廣州、青島、天津、廈門等港市超越。[9]正印證了劉兆玄在交通部長任內所講的話「時機很重

8　張戊誼，交通部長劉兆玄：亞太營運中心為何非做不可？，天下雜誌，1995年6月1日，https://www.cw.com.tw/article/5105995。上網日期：2023年2月5日。

9　張佩芬，全球貨櫃港排名高雄港自16降為18、業者認為只能轉向物流等業務，ETtoday財經雲，2022年9月25日，https://finance.ettoday.net/

要，今天不做，以後也不必做了」。而在劉兆玄心中曾經有機會用高雄港來一比的上海港，則不受新冠疫情影響仍穩居世界第一大貨櫃港。[10]由此可見，把握時機的重要性。

反觀新加坡，在1995年時是世界第二大貨櫃港，[11]到了2022年仍然是世界第二大，[12]完全沒有受到中國大陸各港口後來居上的影響。新加坡為何能夠在這將近三十年間，維持世界第二大貨櫃港的地位不動搖？不就是因為不放過任何發展的機會嗎？新加坡有華人、馬來人、印度人及其他族裔共四大族群，族群問題不會比台灣本省、外省來得好處理，然而卻能夠不使族群問題成為發展的障礙，這恐怕才是值得台灣學習的地方。[13]

另據前經建會副主委葉萬安表示，「建設台灣成為亞太營運中心計畫」經行政院核定實施後，在政府各部門努力下，一年間即有20多家跨國企業來台與台灣企業策略聯盟，期待兩岸三通後共同進軍大陸；「戒急用忍」政策出現，使跨

---

news/2345114#ixzz7sXE3tDrv。上網日期：2023年2月5日。

[10] Ibid.

[11] 張戌誼，交通部長劉兆玄：亞太營運中心為何非做不可？。

[12] 張佩芬，全球貨櫃港排名高雄港自16降為18、業者認為只能轉向物流等業務。

[13] 相關族群問題請參考Dong-Ching Day, Four Asian Tigers' Political and Economic Development Revisited 1998-2017: From the Perspective of National Identity, *Asian Journal of Interdisciplinary Research,* 4(4): 54-61, 2021.

國企業因此失望而去，「建設台灣成為亞太營運中心計畫」亦胎死腹中。[14]新加坡因為不放棄發展機會，所以能夠維持世界第二大貨櫃港的地位不動搖，台灣卻因為受到政治因素的干擾，讓台灣經濟可以再起飛的計畫無法執行，高雄港的地位也大不如前。時間雖然已經錯過，若是不思迎頭趕上，類似台灣年輕人以為赴柬埔寨工作卻演變為綁案的事件，將層出不窮。

為了排除台灣內部政治因素對經濟發展形成的干擾，有五大矛盾因素是政府與民間必須共同面對與化解的，否則台灣經濟恐難再有持續發展的機會。當鄰近的東南亞國家不斷地在發展，台灣若因受到政治相關因素的干擾，將難以維持經濟發展的現狀，或甚至出現倒退現象，則恐怕百姓的苦日子會過不完。

第二節　章節安排

誠如前述，台灣受到政治等五大矛盾因素干擾，使得經濟發展停滯不前，以下將分章節來論述該五大矛盾因素為

---

[14] 葉萬安，為什麼台灣經濟由盛而衰？70年來經濟自由化的發展經驗，遠見天下文化出版社，2019年，頁9。

何，以及如何能夠找到化解五大矛盾的方法。首先，第一章是本書的導論，第一節主要是從「亞太營運中心計畫」談起，說明台灣的經濟發展本來有很好的機會可以更上層樓，不料受到政治因素的干擾，使得該計畫胎死腹中，進而影響台灣的經濟表現。第二節則是章節安排，介紹各章的內容及其形成的原因與化解之道。

第二章要探討的是，政治與憲法的矛盾。國際法定義的國家是具有領土、政府、人民、主權（或國際交往的能力）的政治體。[15]據上述定義中華民國所管轄的台澎金馬，可說是完全具備一個獨立國家的條件，然而中華民國憲法卻又明定領土範圍及於中國大陸，僅治權及於台澎金馬。此種主權與治權分立的非正常國家現象，使得國家在治理上呈現前所未來的矛盾，每當中央政府選舉時就面臨到底是選「政府」或選「國家」的爭議，自然也就會影響執政者能否全力將施政重點放在經濟發展上，其結果就是造成台灣經濟發展停滯。

第三章則分析影響台灣發展的政治與經貿的矛盾。在經貿上兩岸經貿互賴甚深，台灣每年對中國大陸有大量貿易順

---

[15] I. A. Shearer, *Starke's International Law,* 11th ed. (London: Butterworth & Co., 1994), p.85; Gerhard von Glahn, *Law among Nations: An Introduction to Public International Law* (New York: The Macmillan Company, 1965), p.89.

差，理應採取相關政治作為來維繫兩岸友善關係，使得經貿關係不致因為政治緊張而受到衝擊。即使為了在經貿上不過分依賴中國大陸，而採取分散市場「南向」或「新南向」的避險措施，仍不應讓政治因素干擾兩岸經貿的正常往來。不過，無論是李登輝時代的「戒急用忍」或是陳水扁時代的「積極管理、有效開放」政策，實際上都是以政治手段來干預兩岸經貿的正常往來。2013年立法院堅持審議過去以報備為慣例的兩岸服務貿易協議，因協議為行政命令而非法律。[16]最後因審查程序爭議而在2014年導致太陽花學運的發生，更使台灣經濟可利用中國大陸市場為腹地的發展前景，受到嚴重的干擾。這也是本章亟欲藉爬梳個中緣由，來找出化解政治與經貿之矛盾的路線圖。

第四章則是整理政治與軍事之矛盾的盲點。照理說，兩岸仍處於政治上的敵對狀態，台灣理應整軍經武，加強戰備，以設法阻卻共軍來犯，孫子兵法有云：「勿恃其不來，恃吾有以待之；無恃其不攻，恃吾有所不可攻也」，也就是這個意思。偏偏台灣役男的服兵役年限從原本的二年，逐漸縮短為只剩四個月的軍事訓練，試問要如何展現抗敵意志呢？雖然

---

[16] 曾志超，從法律面觀點論服貿協議審查，國政分析，2013年12月13日，https://www.npf.org.tw/3/13010。上網日期：2023年2月12日。

這可能是受到實施募兵制的影響，不過募兵的員額有大批缺額，不正說明台灣的年輕人不願從軍報國嗎？如此又如何保護台灣呢？相較面臨週遭阿拉伯國家安全威脅的以色列採全民皆兵制，台灣此種政治與軍事的矛盾，實在令人費解，這也是本章希望能夠找到答案的。

中華民國憲法增修條文的序言，明定「國家統一前」，意即預設了終極統一的立場。又中華民國憲法第四條明定，中華民國領土依其固有之疆域，因此根據憲法而制訂的「台灣地區與大陸地區人民關係條例」，才會明定「大陸地區是除台灣地區以外的中華民國領土」。然而原本主張兩岸統一的政黨已經不再作此主張，因擔心選舉沒票，無法取得執政權。曾經通過「台灣前途決議文」的政黨，認定台灣已經獨立，國號是中華民國。在此種統一與不統及獨立的矛盾不斷糾結之下，台灣的各項發展因而停滯，恐在情理之中。如何化解此類矛盾，進而讓台灣能向前發展，則是第五章關注的焦點。

第六章則聚焦在本土化與全球化的矛盾。台灣四面環海，又缺乏天然資源，理應致力於面向全球，以利找到發展契機。然而在學校推行各式各樣的本土語教學，不僅學習語言的成效不佳，反而無形中排擠了學習參與全球化知識與工具的機會，畢竟學習的時間都有限。加之在強化本土認同的同時，勢

必也會出現「我者」與「他者」之間的認同矛盾，身處地球村的時代，本土認同愈強烈，恐愈不利於台灣參與全球化。此種本土化與全球化的矛盾若是不能化解，勢必會影響台灣未來的發展，這也是本章要聚焦討論的主題。

第七章則是本書的結論，將二至六章的五大矛盾的形成原因與現狀及可能的化解之道作一綜合性的說明，另將說明如何能凝聚共識以化解矛盾。畢竟不論先來後到，現今生活在台灣土地上的二千三百餘萬百姓，其實都是在同一艘船上，都是生命共同體，不該再區分彼此，相互掣肘而導致發展力量分散。在這高度競爭的全球化或區域化時代，全力以赴尚且不見得能達成目標，更何況力量分散，這也是本書結論要傳達的訊息。

第二章　政治與憲法的矛盾

　　就如同第一章所述，根據國際法關於國家的定義，是具有領土、政府、人民、主權（或國際交往的能力）的政治體，中華民國的國家地位是毫無疑義的，然而受到中華民國憲法規範及兩岸關係的影響，使得台灣的國家地位面臨不少挑戰。

第一節　憲法的國家地位

　　中華民國憲法第四條明定：「中華民國領土，依其固有之疆域，非經國民大會之決議，不得變更之。」[1]經過修憲，國民大會虛級化，中華民國憲法增修條文第四條明定領土變更程序修改為：「非經全體立法委員四分之一之提議，全體立法委員四分之三之出席，及出席委員四分之三之決議，提出領土

---

[1]　法務部，中華民國憲法，**全國法規資料庫**，https://law.moj.gov.tw/LawClass/LawAll.aspx?pcode=A0000001。上網日期：2023年2月14日。

變更案，並於公告半年後，經中華民國自由地區選舉人投票複決，有效同意票過選舉人總額之半數，不得變更之。」[2]

也正因為中華民國憲法明定領土範圍為「依其固有之疆域」，所以儘管大陸地區已不在現在中華民國政府的管轄範圍內，但是仍然屬於中華民國領土。因此根據憲法而制定規範兩岸人民交流的「台灣地區與大陸地區人民關係條例」（簡稱兩岸人民關係條例），其中第二條明定：「臺灣地區：指臺灣、澎湖、金門、馬祖及政府統治權所及之其他地區」、「大陸地區：指臺灣地區以外之中華民國領土」。[3]此種主權與治權分離的概念，自然不容易被一般民眾所理解，為何中華民國（台灣）明明是一個國家，卻又在國際上無法享有國家地位的待遇？甚至也無法以正式的國名來參與國際組織？

在國際上有類似情況的分裂國家，有德國統一前的德西與德東，以及在朝鮮半島的南北韓。統一前的德西有鑑於未能完全統治德東的領土，因此另行制定「基本法」來規範德西與德東主權與領土爭議的問題。[4]基本法具有三種特殊性，

---

[2]　法務部，中華民國憲法增修條文，**全國法規資料庫**，https://law.moj.gov.tw/LawClass/LawAll.aspx?pcode=A0000001。上網日期：2023年2月14日。

[3]　法務部，台灣地區與大陸地區人民關係條例，**全國法規資料庫**，https://law.moj.gov.tw/LawClass/LawAll.aspx?pcode=A0000001。上網日期：2023年2月14日。

[4]　葉陽明，西德因應德國分裂時期（1949-1990）之憲政安排，**國際關係學報**，22期，2006年7月，頁11-43。

即暫時適用性、分裂到統一的過渡性、適用範圍的受限性。[5]
暫時適用性即為該法適用於生效日起,終止於未來德國憲法
生效日;分裂到統一的過渡性即為該法是為因應國家分裂而
設計,適用期至統一完成憲法為止;適用範圍的受限性即該
法的適用範圍僅及於德西的11邦,不適用於德東的5邦及全德
國。[6]

　　換言之,德西基本法的制定不僅有助於化解德西與德東
的主權與領土的爭議,建立憲政民主的新秩序,亦不妨害兩
德最終走向統一,畢竟該法只有過渡性質,而非永久性的安
排。德西與德東在統一前將對方視為「非外國的國家」,[7]也
被國際上大部分的國家所承認,也同時是聯合國的會員國,因
此不會出現要永久獨立的呼聲,反而最終有利於統一。

　　同樣地,南韓、北韓被世界上大部分的國家所承認,也
同時是聯合國的會員國,所以在國家地位的認定上沒有任何問
題,兩韓也未放棄將來要統一的目標,因此沒有任何國家認同
的問題。儘管兩韓現在尚未統一,但是在憲法條文及政府部門
中仍將統一列為重要目標,未來隨著國際及內部情勢變化,誰

---

[5] Ibid.p.22。
[6] Ibid.p.22-23。
[7] Ibid.p.30。

能說兩韓統一不可能呢？德西與德東在統一前，國際及國內也有許多兩德不可能統一的聲音，然而這不妨害兩德最終走向統一。以下是南韓憲法關於統一的條文。

南韓在憲法中明定朝向統一目標有6處條文，分別在前言提及「和平統一全國的使命」；第4條：「高麗共和國（The Republic of Korea）應尋求統一，並在和平與民主與原則下，制定與執行和平統一的政策」；第66條第3款：「總統有責任認真地追求國家的和平統一」；第69條：「總統在就職時，要宣誓追求國家的和平統一」；第72條：「總統可提交與統一有關的重要政策」；第92條第1、2款：「建立民主與和平統一顧問委員會，在制定和平統一政策上為總統提供建議」、「民主與和平統一顧問委員會的組織、功能及其他事務以法律訂定之」。[8]

儘管中華民國憲法增修條文在前言的部分提及「為因應國家統一前之需要，依照憲法第二十七條第一項第三款及第一百七十四條第一款之規定，增修本憲法條文如左」等的字句。[9]這明顯已明定中華民國憲法是朝向兩岸統一的憲法，

---

[8]　The National Assembly of the Republic of Korea, Constitution of the Republic of Korea, https://korea.assembly.go.kr:447/res/low_01_read.jsp?boardid=1000000035。
上網日期：2023年2月14日。

[9]　法務部，中華民國憲法增修條文，全國法規資料庫，https://law.moj.gov.tw/

否則憲法增修條文又豈會出現「為因應『國家統一前』之需要」的字句。根據中華民國憲法精神所訂定的兩岸人民關係條例的第1條也明定：「『國家統一前』，為確保臺灣地區安全與民眾福祉，規範臺灣地區與大陸地區人民之往來，並處理衍生之法律事件，特制定本條例。」[10]

　　若是台灣在中共實力尚未足以影響世界秩序之際前，也能像德西一樣制訂台灣基本法，凍結中華民國憲法，等到兩岸統一後再恢復適用或者另訂新憲，這樣的基本法也具有西德基本法的精神，同樣視中共為「不是外國的國家」，如此就可不出現「兩國中國」的問題。這不僅可讓具有國家地位的中華民國在國際上不會找不到應有的空間，也不會出現中共所一再反對的「台灣獨立」、「一中一台」及「兩個中國」的問題。

　　然而歷史就是這麼吊詭，當時機錯過了，也就錯過了，如今兩岸雙方要心平氣和地透過談判協商來解決「一個中國」爭議，談何容易。也正因為台灣未訂定「基本法」，使得中華民國應有的國家地位無法得到妥善的處理，在實際的政治運作上就出現了不少困境。手中擁有選票的平民老百姓直觀地

LawClass/LawAll.aspx?pcode=A0000001。上網日期：2023年2月14日。

[10] 法務部，台灣地區與大陸地區人民關係條例，**全國法規資料庫**，https://law.moj.gov.tw/LawClass/LawAll.aspx?pcode=A0000001。上網日期：2023年2月14日。

認為，既然中華民國在國際上進不出去，換個名字說不定就可以了。因此在台灣的政治光譜中，總是不缺時時訴求要追求台灣獨立的政黨，從台灣團結聯盟、時代力量到台灣基進黨，均屬之。

第二節　政治的國家困境

　　中華民國既然是一個國家，理應在國際上能夠以正式的國名出席各項國際會議或國際組織，然而實際的情況確非如此。台灣參加奧運的正式名稱是「中華台北」（Chinese Taipei，中共稱為「中國台北」），參加亞太經合會的正式名稱同樣是「中華台北」，至於加入世界貿易組織的正式名稱卻是「台澎金馬單獨關稅區」（TPKM）簡稱「中華台北」。彷彿中華民國的正式名稱已經是「中華台北」而不是中華民國。沒有辦法用正式的國名走出去，又豈能不讓老百姓感覺到有股氣出不了？

　　偏偏中華民國的國名不能在國際上被正式使用，實際上受到國際政治格局的影響，1971年中華民國被迫退出聯合國，美國為了在冷戰期間「聯中制俄」，不得不在1979年與中華人民共和國建立正式邦交關係而必須與中華民國斷交，就

是出於此種原因。這無疑使得中華民國的國家地位進一步下降，因此執政者無不卯足全力要提升中華民國的國家地位，然而受限於國際政治格局，再多的努力亦難以撼動結構所帶來的限制。台灣之所以被迫接受「中華台北」的名稱，以及以奧運梅花會旗來取代國旗參與奧運，也是在此種國際政治現實情況下不得不的選擇。

由於兩岸在國際政治實力的差距上日益明顯，台灣的運動員面臨若非接受「一個中國」政策的安排，將無法參與國際賽事的困境，中華民國奧會迫於形勢只能於1981年在瑞士洛桑，以「中華台北奧會」的名義與國際奧會簽署協議，同意日後以「中華台北」名義、梅花會旗來取代國旗，以及以國旗歌取代國歌參與奧運。[11]這是雖不滿意但也只能接受的結果，否則台灣運動員將不再有機會參與國際賽事，對運動員而言是何等殘酷之事。也正因為台灣無法以正式國名、旗歌參與國際賽事，所以每到奧運會舉辦期間，參與名稱、旗歌問題就會成為爭議的議題。

2020年奧運會在日本東京舉辦，部分民間團體認為日本

[11] 湯銘新，解析「奧會模式」與政治歧視—追記「兩會洛桑協議」之淵源，**國民體育季刊**，行政院體育委員會，37卷1期，2012年9月10日 https://web.archive.org/web/20120910201612/http://www.sac.gov.tw/resource/annualreport/Quarterly156/p3.asp。上網日期：2023年2月28日。

政府對台灣友好，於是發起「東京奧運台灣正名」的公投。[12]
「東京奧運台灣正名」的公投雖未獲通過，不過多個民間團
體仍然未放棄，在2022年1月發起「巴黎奧運正名公投」，希
望2024年能以「台灣隊」名稱參加巴黎奧運。[13]發起運動團體
之一的台灣人權促進會秘書長施逸翔表示：「因為聯合國的
2758號決議文，我們的國家無法成為聯合國的會員國，甚至
我們也沒有辦法正常的去參與非常重要的聯合國人權機制。各
種國際社會的活動、會議，我們國家就是在極有限的空間努力
爭取，努力去參與，但是我們的國家，沒有自己由人民決定的
名字。這就是為甚麼我們今天站出來，要爭取巴黎奧運台灣隊
正名公投的原因。」[14]

　　根據2018年以台灣名義參與東京奧運公投的經驗，「巴黎
奧運正名公投」要成案的難度不高，關鍵在於公投通過後要處
理的問題。在「東京奧運台灣正名」公投舉行前，國際奧會就
曾三度發函給中華奧會表示：「不會干預台灣公投程序、完全

---

[12] 彭琬馨，2020東京奧運台灣正名、永山英樹：台灣政府要勇敢一點，**自由時報**，2018年6月10日，https://news.ltn.com.tw/news/politics/breakingnews/2453839。上網日期：2023年3月1日。

[13] 鍾廣政，【公投運動】團體發起以「台灣」名義參加下屆奧運，**自由亞洲電台**，2022年1月24日，https://www.rfa.org/cantonese/news/htm/tw-name-01242022053711.html。上網日期：2023年3月1日。

[14] Ibid.

尊重言論自由，但也強調禁止外力干預體育，任何試圖對『中華奧會』過度施壓的行為，將被視為外界干預。」[15]國際奧會並提醒，中華奧會應遵守1981年與國際奧會簽署之協議，若有違規，國際奧會有權依奧林匹克憲章27.9條對中華台北採取保護性措施，中華台北可能面臨被終止或撤回會籍之處置。

　　若推動奧運台灣正名的結果，是台灣的運動選手無法再參與國際奧會所屬的賽事，試問推動的意義為何？難道只是為了宣誓立場，就不管運動選手能否讓辛苦的訓練化為有機會在國際體壇上揚眉吐氣嗎？同樣的情況也發生在台灣以「中華台北」觀察員參與國際衛生大會的事件上。國際衛生組織是聯合國轄下的正式組織，台灣不是聯合國會員國，能以觀察員身分參與每年該組織召開的大會，已屬不容易的國際生存空間開拓，不過這樣的待遇，卻被媒體評論為喪權辱國。[16]

　　然而當台灣不再有機會以「中華台北」觀察員參與國際衛生大會時，當初反對台灣用此名義的相關人士，卻又不斷地要求世衛組織應同意台灣能以「中華台北」觀察員身分參與

15　蘇君薇，東奧正名遭國際奧會三度警告：尊重言論自由，但不會核准正名申請，今周刊，2018年11月19日，https://www.businesstoday.com.tw/article/category/161153/post/201811190016/。上網日期：2023年3月1日。

16　社論，以「中華台北」換取旁聽WHA　喪權辱國，**自由時報**，2009年4月15日，https://talk.ltn.com.tw/article/paper/295694。上網日期：2023年3月2日。

世衛大會。[17]有關人士曾經表示：「不能為一場WHA，就犧牲兩千三百萬人的主權」、「為了出席WHA而接受『中華台北』的名稱，是矮化台灣，是無恥」。[18]前後差距固然與換了位子就換了腦袋有關，其實更關鍵之處，恐怕是因為現行的中華民國憲法無法有效處理如何參與以國家為主體之國際組織的問題，所以才會不斷在政治或國際政治上出現此種困境。

究其實際，既然台灣不論在憲法或政治上都面臨國家地位不清的困境，要如何解決呢？尤其是中華民國自從1971年退出聯合國、1979年台美斷交以來，就不斷地試圖運用本身的政經實力，讓中華民國的國際生存空間得以開拓。然而經過了數十年的努力，中華民國的國際生存空間不但沒有開拓，反而每下愈況！至2023年為止，中華民國的正式邦交國只剩下13個。其中在義大利羅馬城內的教廷共和國，則隨時可能與中華民國斷交。[19]屆時邦交國將只剩下12個，尤其是教廷在歐洲，這對中華民國國民而言，衝擊將更大。

---

[17] 主筆，為什麼要爭取賣台？，**聯合報**，2017年5月12，http://blog.udn.com/leelih 2002/102573629。上網日期：2023年3月2日。

[18] Ibid.

[19] 黃雅詩，中國逼梵蒂岡與台灣斷交　教廷要求先設北京使館再談，**中央社**，2021年10月25，https://www.cna.com.tw/news/firstnews/ 202110250014.aspx。上網日期：2023年3月12日。

2023尼加拉瓜與宏都拉斯與台灣斷交,所以邦交國只剩13個。[20]這就引發一個問題,台灣要繼續砸大錢來維持隨時可能與台灣斷交的邦交國嗎?若是花錢後仍不能維持與邦交國的外交關係,台灣是否需要把有限的資源投入更能夠創造全民福祉的領域呢?

李登輝時代台灣邦交國增加的原因有二:一是台灣經濟實力受到世界各國肯定,被視為是新興國家亞洲四小龍之一,所以有能力去新建邦交國;二是1989年天安門事件、不少民眾被共軍殺害後,中共受到西方國家的經濟制裁,國際形象大損,才得以讓台灣有機會突破中共的外交封鎖。如今台灣的經濟實力跟1990年代相較已大不如前,再加上中共在2010年已成為全球第二大經濟體,政經實力受到世界各國矚目,台灣要突破中共的外交封鎖並不容易。

鑑往知來,台灣若要突破中共的外交封鎖,厚植經濟實力仍然是重要的途徑,因此台灣各界不該再將精神放在爭論台灣國家地位的問題上,而應將焦點置於經濟發展,並且協助他國發展經濟,如此自然能夠在國際生存空間開拓上有新的進

---

[20] 編輯室,邦交地圖盤點/宏都拉斯與我斷交、邦交國剩這13國,**聯合新聞網**,2023年3月26日,https://udn.com/news/story/123264/4023507。上網日期:2023年3月28日。

展。更何況中華民國憲法是台灣各界的最大公約數，國家定位就以憲法為準，而不是再花精神去爭論或質疑是否維護主權不力，更應將選舉只當成是選「政府」，而非選「國家」[21]，如此才不致讓台灣浪費時間在難以操之在己的事情上，延誤增進全民福祉的良機。

---

[21] 故中研院院士胡佛曾表示，各國選舉是在選政府，台灣的選舉卻是選國家，轉引自林金源，選國家不是選政黨，國政評論，2014年11月3日，https://www.npf.org.tw/1/14342。上網日期：2023年3月28日。

第三章 政治與經貿的矛盾

　　如前所述，台灣因為有憲法與政治上的矛盾，所以在政治上出現「去中化」的現象，是再自然也不過的事了。不過，由於兩岸距離近，風俗習慣與語言文化相似相通，因此在經貿上的連結愈來愈深，也是水到渠成之事。這也就是為何台灣會出現「政治去中化」與「經貿趨中化」的矛盾現象。

第一節　政治去中化

　　猶記故總統李登輝在1996年就職典禮發表「經營大台灣，建立新中原」的演說，提及「我們已經清楚地證明中國人有能力施行民主制度，運用民主政治！」、「希望在台灣地區的同胞，能建立新的生活文化，培養長遠宏大的人生價值觀，並以我國浩瀚的文化傳統為基礎，汲取西方文化精髓，融合而成新的中華文化，以適應進入二十一世紀後的國內外新環

境。這也就是『經營大台灣，建立新中原』的理念所在。」[1]

不僅如此，李登輝更在就職演說中強調：「二十世紀的中國，是一個苦難的國家。先是外患不斷，而後，五十年來，又因意識形態的不同，造成『中國人打中國人』的悲劇，積累了同胞手足間的對立與仇恨。登輝一向主張，在邁進二十一世紀的前夕，海峽雙方都應致力結束歷史的悲劇，開創『中國人幫中國人』的新局」、「中華民國本來就是一個主權國家。海峽兩岸沒有民族與文化認同問題，有的只是制度與生活方式之爭。在這裡，我們根本沒有必要，也不可能採行所謂『臺獨』的路線。四十多年來，海峽兩岸因為歷史因素，而隔海分治，乃是事實；但是海峽雙方都以追求國家統一為目標，也是事實。兩岸唯有面對這些事實，以最大的誠意與耐心，進行對談溝通，化異求同，才能真正解決國家統一的問題，謀求中華民族的共同福祉。」[2]

從李登輝的就職演說，很難看出有「政治去中化」的現象。不過，到了1999年，李登輝對兩岸的定位卻產生了極大的變化。在接受「德國之聲」訪問時，李登輝表示：「歷史的

---

[1] 李登輝，總統就職演說，中華民國總統府，1996年5月19日，https://www.president.gov.tw/NEWS/22070。上網日期：2023年4月19日。

[2] Ibid.

事實是一九四九年中共成立以後，從未統治過中華民國所轄的台、澎、金、馬。我國並在一九九一年的修憲，增修條文第十條（現在為第十一條）將憲法的地域效力限縮在台灣，並承認中華人民共和國在大陸統治權的合法性；……，一九九二年的憲改更進一步於增修條文第二條規定總統、副總統由台灣人民直接選舉，使所建構出來的國家機關只代表台灣人民，國家權力統治的正當性也只來自台灣人民的授權，與中國大陸人民完全無關。一九九一年修憲以來，已將兩岸關係定位在『國家與國家』，至少是『特殊的國與國的關係』，而非一合法政府，一叛亂團體，或一中央政府，一地方政府的『一個中國』的內部關係」。[3]

按照李登輝的說法，1991的修憲、1992年憲改律定總統、副總統由人民直選，意味著兩岸關係是「國與國」、「至少是特殊的國與國的關係」的定位，試問1996年總統就職演說為何無此定位？反而提及「海峽雙方都應致力結束（中國人打中國人）歷史的悲劇，開創「中國人幫中國人」的新局」。合理的解釋是，李登輝認為：「中共當局不顧兩岸分權、分治的事實，持續對我們進行武力恫嚇，的確是兩

3　李登輝，總統接受德國之聲專訪，**中華民國總統府**，1999年7月9日https://www.president.gov.tw/NEWS/5749。上網日期：2023年4月23日。

岸關係無法獲得根本改善的主要原因。」[4]既然中共不顧兩岸分治的事實，台灣只好走自己的路，「政治去中化」似已成為不得不走的路。只是政治上走自己的路，卻無法避免憲法的限制，畢竟兩岸是「國與國」、「至少是特殊的國與國的關係」的定位，不符中華民國憲法的定位。這也說明在政治上雖然宣誓「去中」或「去中國大陸化」，在憲政運作上仍然會有困難。

　　2000年前陳水扁繼任總統，在「政治去中化」方面，可謂是更走更遠。在2000年總統就職演說中，陳水扁提出「四百年前，台灣因為璀麗的山川風貌被世人稱為『福爾摩沙——美麗之島』。今天，因為這一塊土地上的人民所締造的歷史新頁，台灣重新展現了『民主之島』的風采，再次吸引了全世界的目光。」[5]刻意強調四百年的史觀，而且是用葡萄牙語的福爾摩沙，而非中國歷史普遍為人熟知之三國時代的夷洲，「去中化」的意思不能說不明顯。

　　此外，在同份就職演說中提及：「過去一百多年來，『中國』曾經遭受帝國主義的侵略，留下難以抹滅的歷史傷

4　Ibid.

5　總統府新聞，中華民國第十任總統、副總統就職慶祝大會，*中華民國總統府*，2000年5月20日，https://www.president.gov.tw/NEWS/6742。上網日期：2023年4月30日。

的經驗，導引中國大陸發展的方向，以進步的成果，協助億萬同胞改善生活福祉，進而集合兩岸中國人之力，共謀中華民族的繁榮與發展！」。[12]此等發言，似乎也不會改變大陸學者對於李登輝「去中化」的認知。

原本被認為應該堅持一中原則的國民黨，自2008年重新執政以來，未在台灣民眾的「國家認同」上有明顯改善，被大陸學者宋淑玉視為是，馬英九執政消極干擾「一個中國認同」的緣故。[13]另外徐曉迪也指出，馬英九上台後基於自身執政與選舉的考量，選擇了「不統、不獨、不武」的綏靖政策，未能真正在法理和政策上解決「台灣主體性」與「一個中國」（中華民國）的邏輯困境。[14]換言之，即使馬英九未在「去中化」走得更遠，但因未在李登輝與陳水扁「去中化」路途上迴轉，等同於不退則進，無形中使「去中化」走得更遠。

2016年民進黨籍的蔡英文總統執政，雖然在就職演說中宣誓要以中華民國憲法與兩岸人民關係條例來處理兩岸關係，但是不接受以中華民國憲法為基礎的「九二共識」，很難

---

[12] 總統府新聞，李登輝總統就職演說。

[13] 宋淑玉，馬英九執政時期台灣「一個中國認同」問題的解析，**思想理論教育導刊**，2012年第6期（總162期），頁58-60。

[14] 徐曉迪，「鏡像認知」到「增量認同」：台灣民眾國家認同趨向研究，**中央社會主義學院學報**，2013年第4期（總182期），頁85-90。

說沒有在政治上有「去中化」的現象。尤其是提出中華民國與中華人民共和國互不隸屬，以及經常使用「中華民國台灣」來替代中華民國，將中華民國與大陸地區領土正式切割，可說是在「去中化」上走得更遠。陳水扁雖然曾提出「台灣中國、一邊一國」的說法，但畢竟那是非正式的場合，與蔡英文在正式文告中指明「中華民國與中華人民共和國互不隸屬」、「中華民國台灣」，恐不能相提並論。相較於陳水扁的「去中化」，蔡英文的說法，可謂有過之而不及。

　　若是台灣在政治上「去中化」，相應地也在經貿上展開分散外貿市場的「去中化」，相信會對於政治上的「去中化」有加乘作用。就如同美國為在政治上抑制中國大陸快速崛起，在經貿上也採行貿易戰、科技戰等脫勾舉措。然而台灣不但沒有在經貿減少對中國大陸的依賴度，反而增加經貿趨中化程度，怎能說這不是矛盾呢？

第二節　經貿趨中化

　　2010年兩岸簽訂經濟合作框架協議（ECFA）前，民進黨籍的前行政院長謝長庭因反對簽訂，對外表示兩岸簽訂ECFA後，會導致「查甫找無工、查某嫁無尪、囝仔送去黑龍江」

的現象。[15]同年時任民進黨主席蔡英文亦質疑前總統馬英九對簽ECFA沒有破局準備，且一心一意要簽，未來若簽了，民進黨就發動公投否決掉，將來若民進黨執政，也會再發動公投案。[16]

　　既然民進黨人士對於兩岸經貿如此不滿意，照理說執政後應該設法降低對中國大陸的經貿依存度才是，否則怎麼對得起當初相信他們會降低對大陸經貿依賴的民眾呢？然而從表3-1可看出，台灣對於大陸及香港的出超屢創新高，從2016年的667億美元，增至2021年的1047億美元。[17]台灣2021年的總出超為644億美元，若扣除向大陸及香港出超的1047億美元，台灣將入超403億美元，對大陸與香港的貿易依存度不可謂不深。

　　表3-2也顯示，民進黨第一次執政時，台灣對大陸的出口依賴度從23.7%，上升至40%。國民黨籍的馬英九執政，將對大陸出口依賴度維持在40%左右，不料民進黨的蔡英文執政後，又將台灣對大陸的出口依存度推升至43%。民進黨在野時

15　轉引自彭蕙仙，惹民怨　蔡英文自保靠三招，國政評論，2017年7月31日，https://www.npf.org.tw/1/17229。上網日期：2023年6月3日。

16　李欣芳，蔡英文：力推公投　否決ECFA，自由時報，2010年4月16日，https://news.ltn.com.tw/news/focus/paper/391346。上網日期：2023年6月3日。

17　翁至威，我對陸港出超　突破千億美元，經濟日報，2022年6月5日https://udn.com/news/story/7238/6364278。上網日期：2023年6月3日。

表3-1　近年對主要市場出入超

單位：千美元

	中國大陸	香港	日本
105	29,741,383	36,923,443	-21,149,587
106	38,708,272	39,653,502	-21,365,152
107	42,708,076	39,991,664	-21,350,343
108	34,394,973	39,263,014	-20,773,155
109	38,858,364	47,714,505	-22,502,511
110	43,417,778	61,262,980	-26,910,328

	南韓	美國	東協
105	-2,118,276	6,309,340	24,082,156
106	-2,476,815	8,376,899	27,527,267
107	-3,785,941	6,385,480	23,585,773
108	-823,616	11,397,311	18,972,359
109	-5,469,870	18,036,373	17,320,601
110	-10,499,380	26,427,202	23,015,932

	總出超
105	49,975,197
106	58,287,068
107	49,215,665
108	43,505,870
109	58,978,301
110	64,413,652

資料來源：財政部，貿易統計資https://web02.mof.gov.tw/njswww/Web
　　　　　Main.aspx?sys=100&funid=defjsptgl

表3-2　台灣對大陸出口依存度年份

年分	依存度
1997	23.70%
2007	40.90%
2015	39.00%
2020	43.80%

資料來源：呂嘉鴻，台灣出口中國佔比攀升引爆經濟彼此依賴或「脫鉤」辯論，BBC，https://www.bbc.com/zhongwen/trad/chinese-news-55587490。

曾經表示，執政後要發動公投否決ECFA，執政後不但沒有直接廢止ECFA，還讓台灣對大陸的出口依存度屢創新高，如果這不是經貿趨中化的表現，什麼才是？此種現象也說明，台灣內部其實存在著政治與經貿的深沉矛盾！

　　大陸國台辦發言人朱鳳蓮於2023年8月18日表示，根據對台貿易壁壘調查初步調查結果，台灣地區對大陸採取貿易限制措施，不符合ECFA關於推動兩岸經濟關係正常化、制度化及自由化的要求，違反ECFA有關「逐步減少或取消雙方之間實質多數貨物貿易的關稅和非關稅壁壘」條款，「支持相關主管部門將結合貿易壁壘調查情況，依據有關規定研究採取相應的措施」。[18]此等說法，無異為大陸會否片面中斷ECFA投入變數。

---

[18]　廖士鋒，大陸將斷ECFA稅收優惠？國台辦：台灣違反ECFA條款，經濟日報，2023年8月18日，https://money.udn.com/money/story/5603/7377904。上網日期：

對此，上海東亞研究所副所長包承柯表示，ECFA不會停止，但會逐步對只有台灣單方面獲利的個別項目進行調整，例如進行反傾銷、貿易壁壘調查或稅務上的調整等；廈門大學台灣研究院教授唐永紅也坦言，「良好的政治關係，一直是良好經貿關係發展的前提條件」。[19]換言之，「政治去中化」與「經貿趨中化」的矛盾已到了不得不處理的階段，否則對台灣經濟極為不利。即使台灣不想處理，但是大陸官方顯然不想任此情況繼續下去，而迫使台灣要加以處理。

　　民進黨政府在2016年執政後，就試圖要以新南向政策來改變台灣在經貿上過度依賴中國大陸的現象。然而表3-3則說明，台灣對東南亞國家的出口並未明顯增加、2018年至2020年的三年間，還呈現負成長的狀況。若非受到2021年至2022年大陸因為受到新冠疫情而封城的影響，導致台灣增加出口到東南亞國家，來取代不能出口到大陸的數量，恐怕出口數字不會如此呈現。

2023年8月19日。

[19]　陳政錄，ECFA會終止？陸學者估：大陸將逐步單方面調整，聯合報，2023年8月18日，https://udn.com/news/story/123698/7379386。上網日期：2023年8月19日。

表3-3　2015-2022台灣對東協10國的出口總額

單位：百萬美元

年份	出口總額	年增率
2022	80,614	14.77
2021	70,242	32.00
2020	53,215	-1.33
2019	53,935	-7.21
2018	58,126	-0.67
2017	58,518	14.19
2016	51,248	-0.66
2015	51,591	-14.15

資料來源：經濟部國貿局，https://www.trade.gov.tw/Pages/Detail.aspx?
nodeID=1375&pid=516535

　　出現想要扭轉台灣對大陸經貿依賴度卻不可得的原因有二，一是民間企業認為與大陸經貿往來有利可圖，即使政府制訂政策限制，如戒急用忍，但是因為利之所趨，企業也會想方設法繞過政府的限制，增加與大陸的經貿往來。二是民進黨政府在此方面其實未曾努力，否則對大陸的經貿依賴度比國民黨執政時期還深呢！實際上市場本身有隻看不見的手，看得見的手之政府所採取政策，有時不見得能如預期般地奏效。

　　舉例而言，美國前總統川普為了平衡對大陸的貿易逆

差，自2018年開始對自大陸進口的總值3700億美元的商品課徵25%的關稅，該年美國對大陸貿易逆差金額近4200億美元；2019，2020年雖然縮小，但2021年美國對大陸逆差反彈14.5%，達3535億美元；2022美國對大陸逆差再升高到3829億美元，為歷史次高。事實上，美國不僅對大陸貿易逆差攀升，2022年對外貿易逆差總額近9500億美元，連三年創歷史新高。[20]換言之，美國貿易逆差持續擴大的趨勢並未改變，只是逆差來源地的結構有所變化而已。

美國對大陸實施加重關稅制裁，不但對減少對大陸貿易逆差的成效有限，反而使得美國陷入物價膨脹的陰影之中，迫使美國聯準會必須透過強升息舉措在應付日益嚴重的物價膨脹風險，可謂是雙重損失。美國前大使David Adelman就表示，只要取消對中國大陸的加重關稅，物價膨脹指數就可降低1%。[21]由此可見，政府在制訂經貿政策，還是依循市場法則較好。

台灣對大陸出口以農產品的依賴度最為明顯，主要是因

---

[20] 社論，美對陸逆差創次高，貿易戰打辛酸的？中華日報，2023年2月15日，https://www.cdns.com.tw/articles/747526。上網日期：2023年7月20日。

[21] Su-Lin Tan, "Former U.S. ambassador says lifting China tariffs could slash inflation by 1% over time, help Biden in midterms", CNBC, June 20, 2022, https://www.cnbc.com/2022/06/21/former-us-ambassador-says-lifting-china-tariffs-could-cut-inflation.html. Retrieved on July 21, 2023.

為礙於生產成本、品管控制或鮮果不耐儲存等，出口至鄰近的大陸地區最為有利。據財政部資料顯示，2021年水果出口規模達到千萬美元的只有釋迦、鳳梨、芒果、柚子，其中釋迦與柚子出口金額分別為5000多萬美元、1000萬美元創歷史新高；就2021年鳳梨、釋迦與蓮霧主要出口市場來看，釋迦9成以上皆銷往中國大陸；鳳梨受到中國大陸暫停進口前，同樣也是9成賣到中國大陸，蓮霧也同樣超過9成銷往中國大陸。[22]

如此高比例的水果出口對大陸的依賴，當大陸因為水果含有介殼蟲，而禁止台灣釋迦、鳳梨、蓮霧出口至大陸時，當然會引起相關農民的措手不及。[23]若是當初農委會就採取相關輔導措施因應，又豈會如此？為了搶救農民對政府的信任度，農委會祭出補助出口到大陸以外地區的手段，來降低大陸停止禁止台灣的水果進口的衝擊。

然而有專家學者指出，農委會過於期待補貼的效益，將其視為出口萬靈丹，惟台灣農產品屬於亞熱帶品種，無法長時間保存，不耐長時間運送，因此銷售區域僅限於鄰近的

[22] 吳靜君，鳳梨、釋迦、蓮霧」禁輸陸　今年出口最高掉9成，**中國時報**，2022年3月19日，https://www.chinatimes.com/realtimenews/20220319002266-260410?chdtv。上網日期：2023年7月20日。

[23] Ibid.

國家；加上部分水果口味特殊，例如鳳梨釋迦，許多國家消費者接受度偏低；而且運費補貼成本極高，國家難以長時間補貼；部分水果尚有檢疫問題，如新鮮釋迦和蓮霧都無法輸日；且台灣生產成本偏高，水果價格也居高不下，只有高所得國家才消費得起，開發新市場有極大的障礙，再高的運費補貼也未必能打開國際市場。[24]

除了對水果出口採取難以長久實施的補貼政策外，農委會並表示要向世界貿易組織（WTO）申訴，大陸未經協商就片面決定禁止台灣水果進口，係「涉違反不歧視原則，超過保護標準，且似未公布相關法規，可能違反SPS協定條文」。[25]不過，因為WTO仲裁機制近年來已弱化，台灣表示向WTO申訴，其實只是擺個樣子給國人看，表示政府有盡力處理，就算真提出申訴，也不會有效果。[26]

---

[24] 曾志超，農產品出口崩盤農委會難辭其咎，Yahoo新聞，2022年3月28日，https://tw.news.yahoo.com/news/%E3%80%90-yahoo%E8%AB%96%E5%A3%87%EF%BC%9F%E6%9B%BE%E5%BF%97%E8%B6%85%E3%80%91%E8%BE%B2%E7%94%A2%E5%93%81%E5%87%BA%E5%8F%A3%E5%B4%A9%E7%9B%A4%E8%BE%B2%E5%A7%94%E6%9C%83%E9%9B%A3%E8%BE%AD%E5%85%B6%E5%92%8E-230000708.html。上網日期：2023年7月21日。

[25] 兩岸水果大戰，台灣向WTO申訴能否奏效引發討論，BBC，2021年10月1日，https://www.bbc.com/zhongwen/trad/business-58759700。上網日期：2023年7月22日。

[26] 時評，向WTO告狀沒有用，**中國時報**，2022年12月14日，https://www.chinatimes.com/newspapers/20221214000419-260109?chdtv。上網日期：2023年7月22日。

更令人感到不解的是，農委會曾表示，要針對大陸禁止台灣農漁產品向WTO提告，提告一次不行就提告兩次；但行政院經貿談判辦公室網站上公告，台灣以原告身分向WTO提出控訴案件中，農委會一件都沒有，如果這不是在蒙騙國人，什麼才是。[27]若非政治與經貿充滿矛盾，又豈會如此？即使是與大陸尚未成為會員的跨太平洋伴洋全面進步協定（CPTPP），台灣若想要繞過大陸來參加，也並不容易。否則2021年9月台灣提出申請，在英國已確定加入的2023年7月，卻連工作小組都還沒成立，可見要加入的難度不小。

Tian He和Michael Magcamit.就指出，大陸政府強烈反對台灣申請加入CPTPP，早在台灣提出申請之前，國台辦新聞局副局長朱鳳蓮就表示，台灣參與區域經濟合作必須基於一個中國原則；與外交夥伴達成的任何協議都不應被視為正式的政府間協議，必須除去主權的內涵。[28]此外，大陸外交部新聞司副司長趙立堅亦表示，「我們堅決反對任何國家與台灣進行官方往來，堅決反對台灣地區加入任何官方性質的協議和組

---

[27] 屈彥辰，農委會嗆向WTO告中國停我產品輸入、王鴻薇：一件都沒有，**聯合報**，2023年4月21日，https://udn.com/news/story/6656/7113563。上網日期：2023年7月22日。

[28] Tian He and Michael Magcamit, "The Political Challenges to Taiwan's Bid to Join the CPTPP", *Taiwan Insight,* 7 July, 2022, https://taiwaninsight.org/2022/07/07/the-political-challenges-to-taiwans-bid-to-join-the-cptpp/. Retrieved on July 22, 2023.

織。中方的這一立場是明確的」。[29]大陸官方連台灣加入國際經濟組織都反對，說明反對態度進一步加劇。

不僅如此，Hugh Stephens和Jeff Kucharski也表示，台灣加入CPTPP的申請，受到一些東南亞成員國的抵制，這些國家擔心支持台灣加入可能會使他們與中國大陸的關係複雜化。[30]由此可見，台灣若要繞過大陸來加入CPTPP的難度很高。更何況CPTPP的加入程序，是以先申請先審查為原則，台灣晚大陸10天提出申請。若大陸率先加入，台灣若不改善與大陸的關係，無異就是眼睜睜地看著CPTPP對台灣關上門。

---

[29] 台灣申請加入CPTPP 中國外交部跳腳：堅決反對！自由時報，2021年9月23日 https://news.ltn.com.tw/news/politics/breakingnews/3681344。上網日期：2023年7月22日。

[30] Hugh Stephens, Jeff Kucharski, "The CPTPP Bids of China and Taiwan: Issues and Implications", *Asia Pacific Foundation of Canada,* November 15, 2022, https://www.asiapacific.ca/publication/cptpp-bids-of-china-and-taiwan-issues-and-implications. Retrieved on July 23, 2023.

第四章　政治與軍事的矛盾

　　由於兩岸交流官方交流中斷，任何事件的風吹草動都可能因為缺乏溝通管道，而使雙方的敵意加深。既然敵意加深，台灣理應加強建軍備戰，以免「台海有事」時反應不及。然而實際上台灣在建軍備軍上卻顯得準備不足，此種政治與軍事上的矛盾若不化解，很可能讓台灣陷入極端危險的境地。

第一節　兩岸敵意加深

　　《遠見民意研究調查》在2022年底，照慣例進行「民心動向大調查」，[1]其結果如表4-1。

1　觀點，2023台灣民心動向大調查，遠見雜誌，2022年12月21日，https://gvsrc.cwgv.com.tw/articles/index/14880。上網日期：2023年7月22日。

表4-1　對中國大陸整體印象是變好、變差、還是一樣？

整體印象	比例
不知道	15.6%
變差	42.2%
變好	16.7%
一樣好	12.1%
一樣差	13.4%

資料來源：遠見雜誌

　　如表顯示，根據2022年12月的調查，台灣民眾對大陸整體印象變差為42.2%，變好則只有16.7%，變差是變好的2倍有餘，跟以前想比，可謂是不可同日而語。同樣的調查，2018年12月僅有28.4%印象變差，有59.7%對中國大陸印象變好，到了2019年12月，兩個數據出現黃金交叉，印象變差的多達44.2%，變好的僅剩下38.2%。[2]2022年變差的數據雖然較2019年低，但是在誤差範圍內，且變好的只剩下2019年的二分之一都不到，兩岸的敵意不可不謂愈來愈深。

　　2020年台灣指標民調公司的民調顯示，台灣人而對中國大陸有好感的僅有19.1%，有反感的受訪者則占了67%；若以年齡層分析，30歲至39歲的青壯民眾對討厭中國大陸的比

---

[2]　Ibid.

率，甚至高達75.5%。[3]

	負面	正面
對中國大陸的評價	61%	35%

	反對	支持
更密切的經濟關係	44%	52%
更密切的政治關係	60%	36%

圖4-1　皮尤調查台灣民眾對中國大陸的態度

資料來源：皮尤研究中心，https://www.pewresearch.org/global/2020/05/
12/in-taiwan-views-of-mainland-china-mostly-negative/

　　圖4-1顯示，在台灣只有35%的成年人對中國大陸給予正
面評價，而大約十分之六的人持負面看法。不過，在談到經
濟關係時，大約一半的人表示他們支持與大陸建立更密切的
關係；44%的人反對這個想法。[4]至於更密切的政治關係的前
景不太受歡迎，大約三分之一（36%）的人支持與北京加強合

---

[3]　郭怜妤，台灣人選邊站？6成1對美國有好感，6成7對中國反感，**風傳媒**，
2020年9月24日，https://www.storm.mg/article/3057349。上網日期：2023年7月
22日。

[4]　Kat Devlin and Christine Huang, "In Taiwan, Views of Mainland China Mostly
Negative", *Pew Research Center,* May 12, 2020, https://www.pewresearch.org/
global/2020/05/12/in-taiwan-views-of-mainland-china-mostly-negative/. Retrieved
on July 23, 2023.

作，而大約十分之六的人反對。[5]

　　皮尤研究中心也發現，上述調查觀點部分與黨派認同、年齡以及人們是否只認同台灣人有關。那些與主張台灣獨立的民進黨關係較密切者，比那些偏愛主張與中國大陸建立更友好關係的國民黨者，對大陸較少持正面觀點。實際上認同國民黨的人對中國大陸的好感度，是接近民進黨的人的四倍多。那些表示沒有與任何政黨有密切聯繫者，只有36%的人對中國大陸有好感。[6]台灣民對大陸的敵意愈來愈深，大陸人對台灣的敵意升高亦不遑多讓。

　　當代中國期刊（Journal of Contemporary China）在2023年5月刊載名為「評估公眾對與台灣（非）和平統一的支持：來自中國全國調查的證據」（Assessing Public Support for (Non-) Peaceful Unification with Taiwan: Evidence from a Nationwide Survey in China），研究調查顯示，受訪者中表示支持北京「武統」台灣者僅有55%，而且有33%的受訪者不同意動用武力統一台灣，表態希望立即對台灣發動戰爭者則僅有1%。[7]

5　Ibid.

6　Ibid.

7　Adam Y. Liu and Xiaojun Li, "Assessing Public Support for (Non-) Peaceful Unification with Taiwan: Evidence from a Nationwide Survey in China", *Journal of*

儘管大陸民眾支持北京「武統」台灣者僅有55%，看似不高，不過長期從事政治民意調查及研究的美國內華達大學拉斯維加斯分校政治學系助理教授王宏恩，卻認為「這也有一些隱憂，畢竟55%仍是過半數字，代表就算中國忽然民主化，台灣還是可能處在威脅之下」。[8]更何況此份調查同時發現，大齡、男性及教育程度高的受訪者較支持中南海使用激烈手段處理台灣問題，包含「武統」的手段。[9]而該等人比較具有決策影響力，所以更不能小覷。

　　其實不只是上述民調分析大陸民眾對武統台灣的態度，當代中國期刊在2022年也刊載名為「中國城市居民對武統台灣的支持：社會地位、民族自豪感和對台灣的理解」（Urban Chinese Support for Armed Unification with Taiwan: Social Status, National Pride, and Understanding of Taiwan）的論文。[10]該論文的作者係在2019年針對大陸

Contemporary China, 14 May 2023, https://www.tandfonline.com/doi/full/10.1080/10670564.2023.2209524. Retrieved on July 30, 2023.

8　誰更支持「武統」台灣？一份針對中國大陸受訪者的民調說了些什麼？BBC中文，2023年5月30日，https://www.bbc.com/zhongwen/trad/chinese-news-65745337。上網日期：2023年7月30日。

9　Adam Y. Liu and Xiaojun Li, "Assessing Public Support for (Non-) Peaceful Unification with Taiwan: Evidence from a Nationwide Survey in China".

10　Dongtao Qi, Suixin Zhang, Shengqiao Lin, "Urban Chinese Support for Armed Unification with Taiwan: Social Status, National Pride, and Understanding of

九個主要城市（北京、石家莊、西安、武漢、成都、南寧、昆明、廣州和廈門）進行了隨機手機民調，調查結果顯示，53.1%的人支持武統，39.1%的人反對武統，而7.8%的人回答「不知道」。[11]

　　雖然可能因為抽樣誤差的關係，造成55%與53.1%實際上沒有差距，不過就相對數字而言，55%仍然比53.1%多出近2%，仍有敵意在上升的參考價值。與前份調查類似的是，男性、黨員、教育程度更高者、收入更高者、從事優勢職業者（公務員、事業單位職員、醫生、律師、工程師等專業人士）、城市戶口者和社交更活躍者更加支持武統。[12]而上述更支持武統者，無疑是更具有決策影響力，同樣是不能等閒視之。

　　祁冬濤對此表示，2013年有臺灣學者的調查發現，去過臺灣或者正在臺灣旅行的大陸人更不支持武統，似乎顯示交流和了解確實能夠減少敵意，但當時是兩岸關係最好的時期，2019年民調進行時，兩岸緊張關係卻已經持續了三年多，而且逐漸惡化；民調的結果卻是：對臺灣新聞感興趣的、知道蔡英文是臺灣的、去過臺灣的，以及和臺灣人有個人接觸的大陸

Taiwan", Journal of Contemporary China, 2023, Volume 32, Issue 143: 727-744.

[11] Ibid.

[12] Ibid.

城市居民，都更支持武統。[13]這不就代表大陸民眾對台灣的敵意正在加深當中。

　　不僅如此，自2016年民進黨政府重新執政以來，中共解放軍就不斷派遣機艦擾台，2023年4月中共解放軍舉行三天環台軍演，在最後一天派出各型戰機91架次巡航台灣週邊空域，打破共機擾台單日最高紀錄，其中逾越海峽中線及其延伸線進入西南及東南空域54架次；另有共艦12艘次持續在台海周邊活動。[14]印證了國防部長邱國正所說的話：「目前狀況是從軍40多年來最嚴峻」。[15]當兩岸敵意不斷螺旋升高，台海情勢愈來愈嚴峻，台灣在軍事戰備上有作出相應的調整嗎？

第二節　軍事戰備弱化

　　同樣是面臨週遭強敵環伺，在中東地區的以色列選擇的是全民皆兵制，凡所有符合條件的男女，需在18歲時應召入

13　祁冬濤，大陸城市居民如何看武統？聯合早報，2021年9月17日，https://www.kzaobao.com/mon/keji/20210917/100534.html。上網日期：2023年8月1日。

14　吳書緯，共機單日91架次擾台創新高　國防部公布航跡圖涵蓋山東號起降機，自由時報，2023年4月11日，https://news.ltn.com.tw/news/politics/breakingnews/4266598。上網日期：2023年8月4日。

15　涂鉅旻，談台海局勢　邱國正：我從軍40多年來最嚴峻，自由時報，2021年10月6日，https://news.ltn.com.tw/news/politics/breakingnews/3694783。上網日期：2023年8月4日。

伍服義務兵役，男性服役至少32個月，女性至少24個月。[16]隨時可能遭遇北韓跨越北緯38度線入侵的南韓，雖然近年將義務役的役期縮短，但是陸軍及海軍陸戰隊役期仍有18個月、海軍則是20個月、空軍則是22個月，更遑論未修改前分別為21個月、23個月、24個月。[17]

　　面對從未放棄武力統一台灣的中共，台灣的義務役役期，從早期陸軍服役兩年、海空軍三年，直至1990年義務役役期全部劃一為兩年。2000年陳水扁執政時期，開始規劃「募兵制」，並將義務役役期縮短至一年十個月、一年六個月，至2008年減至一年。2008年5月馬英九上台後推動「全募兵」，確立志願役為主、義務役為輔的制度，並自2016年起對1994年以後出生的役男，僅實施四個月「軍事訓練役」。2016年蔡英文上任後持續採用「徵募並行」制，義務役仍只實施四個月「軍事訓練役」，無視兩岸緊張情勢日增，直至2022年始宣佈重新恢復一年制兵役。[18]

---

[16] 賴素芬，以色列男女皆兵　全民備戰躋身軍事強國，聯合新聞網，2023年3月8日，https://udn.com/news/story/6843/7015291。上網日期：2023年8月4日。

[17] 詹如玉，南韓宣布縮短役期！10月起「隔兩週就減1天」、最短當18個月兵就能退伍，風傳媒，2018年9月10日，https://www.storm.mg/article/490261。上網日期：2023年8月4日。

[18] 李澄欣，台灣延長義務兵役至一年　蔡英文「困難決定」背後的壓力，BBC中文，2022年12月27日，https://www.bbc.com/zhongwen/trad/chinese-news-64102726。上網日期：2023年8月4日。

儘管蔡英文明確否認延長兵役有美國壓力，台灣國防部智庫國家安全研究院蘇紫雲研究員也表示，美國從沒介入台灣內部事務，最多是表達希望台灣提高防衛能力的建議，不過當延長兵役役期宣佈時，美國在台協會（AIT）不久後就在臉書發文，表示「歡迎台灣徵兵制改革，彰顯了台灣對自我防衛的承諾並強化嚇阻能力」。[19]觀諸AIT如此快速地對台灣延長義務役役期表達歡迎之意，實在令人難以置信美國未施壓？台灣的建軍備戰需要外國施壓才會調整，就說明台灣本身對於國防安全的警覺心不夠！

　　台灣民意基金會2022年12月20日公布的民調顯示，儘管台灣社會對延長兵役有高度共識，但存在顯著的世代差異；整體受訪民眾有73.2%同意延長兵役一年、17.6%不同意，但20至24歲受訪者只有35.6%同意、37.2%不同意。[20]同意延長兵役存在世代差異，一點也不奇怪，畢竟受延長兵役影響最深的就是年輕人，又豈能不出現世代差異，這也說明台灣年輕人對是否能保衛台灣國防安全，尚未做好準備。

　　不只是年輕人沒有做好準備，年輕人的父母又何嘗不是呢！當台灣國防部正在研議兵役延長的消息傳出後，多位議員

---

[19] Ibid.

[20] Ibid.

都提到，服務處接到很多家長電話，擔心子女役期會增加，詢問提前入伍辦法。[21]如果延長役期是為了保衛台灣的安全，年輕人及其父母不應對此有此種反應才是。然而實際上卻是另外一回事，因為此舉會打亂出國讀書或就業的生涯規劃。這說明許多台灣的百姓其實對於可能面臨的戰爭威脅，未做好充分準備。明明兩岸情勢日益緊張，可是大家都沒做好應戰準備，不是非常矛盾嗎？

台灣民主基金會在2020年，委託政大選研中心進行民主防衛的民調，顯示若中國大陸為統一攻打台灣，願意保衛台灣而戰的受訪民眾比例有79.8%，相較2019年的68.2%上升不少；若台灣因宣布獨立受中國大陸攻擊，也有71.5%的民眾願意挺台戰鬥，與2019年的57.4%相較，亦增長許多。[22]同樣是針對國人民主防衛意識，台灣民主基金會2021年公布的民調顯示，當中國大陸為武統侵台時是否願意保衛台灣，非常願意37.8%、願意34.7%，合計72.5%；當宣布台獨遭中國大陸侵略是否願意保衛台灣，非常願意31.9%、願意30.8%，合計

---

[21] 謝武雄，擔心役期延長　議員服務處電話接到爆，**自由時報**，2022年3月30日，https://news.ltn.com.tw/news/politics/breakingnews/3877301。上網日期：2023年8月4日。

[22] 彭琬馨，民主基金會民調：中共若武統台灣　近8成民眾願為台而戰，**自由時報**，2020年10月16日，https://news.ltn.com.tw/news/politics/breakingnews/3323129。上網日期：2023年8月5日。

62.7%，明顯低於2020年的數字。[23]

　　同樣的民調，台灣民主基金會2022年又發布一次，顯示若因台灣宣布獨立，導致中國大陸攻打台灣，有63.8%受訪者願為保衛台灣而戰，若是中國大陸為了統一對台動武，有71.9%受訪者願為保衛台灣而戰。[24]該等數字與2021年的數字相仿，也就是明顯地比2020年的79.8%與71.5%低落不少，超過誤差值，已經具有顯著差異的意義，這說明民眾在保衛台灣安全的決心上，正在降低。

　　台灣民意基金會發布民調，詢問民眾若中共出兵打台灣，對國軍保衛台灣的能力有信心嗎？結果顯示，18.7%非常有信心，26.6%還算有信心，24.4%不太有信心，22.8%一點也沒信心，7.6%沒意見、不知道、拒答，亦即4成5有信心，4成7沒信心。[25]對此，台灣民意基金會董事長游盈隆表示，國人對國軍有沒有能力保衛台灣看法嚴重分歧，而且沒信心者比

[23] 楊丞彧，抗中保台不是口號！民調：超過6成國人願為台灣而戰，**自由時報**，2021年12月29，https://news.ltn.com.tw/news/politics/breakingnews/3784467。上網日期：2023年8月5日。

[24] 中央社，台灣民主基金會民調：逾7成民眾願為抗中武統而戰，**聯合報**，2022年12月30日，https://udn.com/news/story/6656/6875450。上網日期：2023年8月5日。

[25] 羅立邦，若共軍犯台……4成7民眾對國軍沒信心、46.5%不信美軍會來，**風傳媒**，2023年2月21日，https://www.storm.mg/article/4738462。上網日期：2023年8月5日。

有信心者多2個百分點，這無疑是一個嚴重的警訊。[26]

　　嚴重的警訊恐怕不是民眾對國軍保衛台灣沒信心，而是美國杜克大學的民調顯示，兩岸若開戰僅有23%台灣人願抵抗。[27]視為願意抵抗的行為包含：「支持政府決定」、「從軍」、「抵抗」、「參加抗議」、「保衛國家」、「後勤補給」、「捐錢」等；在被問到，「如果台灣與大陸發生戰爭，請問您認為大多數台灣人會不會抵抗？」回答「會」（28.6%）和「一定會」（33.0%），合計超過六成。[28]調查主持人表示，這是很有趣的結果，意味著一旦兩岸發生戰爭，多數台灣民眾表示個人不會抵抗，但卻認為別人會抵抗。[29]

　　另外該項民調也顯示，「如果台灣宣布獨立會引起大陸攻打台灣，請問您贊不贊成台灣獨立？」表示「贊成」（18.1%）跟「非常贊成」（11.7%）的，合計不到三成；「那如果台灣宣布獨立，而大陸不會攻打台灣，請問您贊不贊成台灣獨立？」表示「贊成」（25.9%）跟「非常贊成」

[26] Ibid.

[27] 民調：兩岸若開戰僅23%台灣人願抵抗，卻有6成相信他人會，**遠見雜誌**，2019年4月9日，https://www.gvm.com.tw/article/60428。上網日期：2023年8月5日。

[28] Ibid.

[29] Ibid.

（36.1%）的，合計就達到62%。[30]這樣的提問方式雖然與民主基金會提問有所不同，不過若台獨導致大陸攻打台灣，只有不到三成的贊成台灣獨立，與民主基金會調查有六、七成民眾願為台灣而戰，實在是相距甚遠。究竟誰的調查較準確？不到戰爭發生時刻，誰也無法確認！

在台灣有句大家耳熟能詳的諺語：「好男不當兵、好鐵不打丁」，充分說明台灣人沒有認真看待保衛台灣這件事，這也是台灣實施募兵制，一直募不足額的根本原因。若是大部分台灣人面臨戰爭時自己選擇不抵抗，而是寄望他人能抵抗，這場仗不知怎麼打。總而言之，即使面對兵凶戰危的兩岸情勢，台灣人似乎仍然沒有做好準備挺身一戰。這樣的矛盾若不認真對待，實在很難想像台灣未來會如何？

[30] Ibid.

第五章　統一與不統及獨立的矛盾

前述杜克大學牛銘實的調查顯示，被問到台灣和大陸之間未來的發展認為統一或獨立比較可能？有48.1%的受訪者認為，「兩岸統一比較可能」；認為「台灣獨立比較可能」有29.6%；「無反應」（包含拒答、看情形、無意見、不知道）有22.2%。[1]牛銘實並表示，杜克大學歷次調查都顯示，認為兩岸終將走向「統一」的台灣民眾居多數，而且近幾年還有升高的趨勢。然而實際的情況究竟是如何呢？

第一節　憲法預設終極統一

雖然台灣各政黨都把「維持現狀」掛在嘴邊，但是「現狀」究竟為何？可能各政黨的解讀都不太一樣。既然對於現狀有如此大的歧異，最好的方法就是回歸中華民國憲法的規定。畢竟中華民國國號尚未變更，中華民國憲法及其增修

---

[1]　民調：兩岸若開戰僅23%台灣人願抵抗，卻有6成相信他人會。

條文，也還在台灣施行，所以關於台灣與大陸的未來如何發展，以憲法為基礎來討論，最為適切。

　　如前所述，中華民國憲法第四條明定：「中華民國領土，依其固有之疆域，非經國民大會之決議，不得變更之。」國民大會經過修憲虛級化後，領土變更程序修改為：「非經全體立法委員四分之一之提議，全體立法委員四分之三之出席，及出席委員四分之三之決議，提出領土變更案，並於公告半年後，經中華民國自由地區選舉人投票複決，有效同意票過選舉人總額之半數，不得變更之。」

　　也正因為中華民國憲法明定領土範圍為「依其固有之疆域」，在未修憲前，自然就包含「固有之疆域」的中國大陸。因此根據憲法而制定規範兩岸人民交流的「台灣地區與大陸地區人民關係條例」（簡稱兩岸人民關係條例），才會明定「大陸地區：指臺灣地區以外之中華民國領土」。既然兩岸都屬中華民國領土，有朝一日兩岸達成統一，不是自然不過的事嗎？

　　更何況中華民國憲法增修條文在前言的部分提及「為因應國家統一前之需要，依照憲法第二十七條第一項第三款及第一百七十四條第一款之規定，增修本憲法條文如左」等的字句；根據中華民國憲法精神所訂定的兩岸人民關係條例的第1

條也明定：「『國家統一前』，為確保臺灣地區安全與民眾福祉，規範臺灣地區與大陸地區人民之往來，並處理衍生之法律事件，特制定本條例。」既然都提及國家統一前的需要，不就代表「現狀」是暫時現象，未來是要朝向統一的方向發展。

　　1991年總統府國統會制訂，後經行政院院會決議通過的「國家統一綱領」，將兩岸關係發展區分為三階段，分別為近程交流互惠、中程互信合作、遠程協商統一；其中協商統一階段工作為：「成立兩岸統一協商機構，依據兩岸人民意願，秉持政治民主、經濟自由、社會公平及軍隊國家化的原則，共商統一大業，研訂憲政體制，以建立民主、自由、均富的中國」。[2]儘管「國家統一綱領」在2006年五月終止適用，但是依據中華民國憲法而制訂的「國家統一綱領」，[3]仍然對兩岸關係未來的發展，提供可依循的路線圖之一。

　　也正因為中華民國憲法有兩岸終極統一的意涵，因此陸委會的「台海兩岸關係的發展」說帖，才會出現「中華民國政府以『一個中國、兩個對等政治實體』做為兩岸關係定位的架構，期望兩岸關係朝向和平、務實、理性的方向發展。中共

---

[2]　陸委會，國家統一綱領，**大陸資訊及研究中心**，https://www.mac.gov.tw/MAIRC/cp.aspx?n=4C58A4ADA7179B7F&s=0BA88C5B2082277F。上網日期：2023年8月5日。

[3]　Ibid.

當局應瞭解，此一做法乃是促進中國統一的最佳選擇。在兩岸交流過程中，中共應袪除對中華民國政府追求國家統一目標與決心的懷疑。如何在分裂分治的現實基礎上，積極營造統一的有利條件，使兩個不同「政治實體」逐漸融合為「一個中國」，應當是中共當局急需思考的方向。」等的字眼。[4]

　　說帖另表示：「對於中國的統一，臺海兩岸應採取穩健的政策，不宜操之過急，所謂「欲速則不達」。只要兩岸具有統一的誠意和決心，統一的目標終會實現。同時，中國人不能為統一而統一，而應統一在一個合理、良好的政治、經濟、社會制度和生活方式之下。因此，我們主張海峽兩岸應全力為建立一個民主、自由、均富、統一的中國而努力。經由雙方共同的努力，一旦兩岸的意識形態、政治、經濟、社會差距縮小，中國統一自可水到渠成。」[5]

　　然而台灣有不少人士對於中華民國憲法預設終極統一的結果不滿意，於是開始倡導所謂的「第二共和」。學者丘延亮就針對統／獨奕局中兩邊統治者圖利彼此的利益交換，嘗試提出對「第二共和」進行人民性的／自主的解讀、發聲與運動

---

[4]　陸委會，台海兩岸關係的發展，**大陸資訊及研究中心**，https://www.mac.gov.tw/MAIRC/cp.aspx?n=036E78FF20D91CFA。上網日期：2023年8月5日。

[5]　Ibid.

之可能。[6]曾經是國統會主任委員，並且主持通過國家統一綱領的故總統李登輝，在其著作「餘生」指稱現在的中華民國是「第二共和」、「兩岸應該是兩個國家」。[7]上述研究或說法，都是想要扭轉中華民國憲法預設終極統一的發展方向。

倡議「第二共和」設想最力的莫過於曾任教於台灣大學國家發展研究所的陳明通教授，他與相關人士在2007年主筆「中華民國第二共和憲法」草案，該草案並由台灣智庫舉行兩天八場次的研討會，進行學術與政治的對話。[8]陳明通對外低調表示，「和府方討論過」的事實，另台灣智庫指出會議宗旨：一、「現行憲法無法解決臺灣民主化過程所出現的困境，已使得憲改成為臺灣社會的共識」，這是推動「第二共和憲法」的原因；二、「日前總統府辜寬敏資政，提出制訂『第二共和憲法』的概念，陳總統公開讚許『堅守原則、不失務實』，則是推出時機的考慮。[9]

此種透過制訂「第二共和」憲法，取代原本有終極統一

6　丘延亮，中華民國「第二共和」的啟始？台灣社會研究季刊，2000年12月，40:83-102。

7　引自崔慈悌，李登輝稱第二共和　府：毫無根據，工商時報，2016年2月8日，https://www.chinatimes.com/realtimenews/20160218002106-260407?chdtv。上網日期：2023年8月6日。

8　引自隋杜卿，「第二共和」是啥米碗糕？（一），國政評論，2007年3月30日，https://www.npf.org.tw/1/1783。上網日期：2023年8月9日。

9　Ibid.

設定的中華民國憲法，確實可達到沒有台灣獨立之名，卻有台灣獨立之實的目標，符合民進黨台灣前途決議文的論述，台灣是主權獨立的國家，國名是中華民國，而且不改中華民國的國號，僅將領土範圍限定在台澎金馬地區，或期待可降低獨立建國的內外衝擊。然而不是有了草案，就可以馬上實施，而是要凝聚公民共識，透過修憲或制憲程序，使草案可以變成憲法。

若要透過修憲將草案精神融入，並聲稱修憲已成為「第二共和」憲法，只要大多數公民同意，也沒有什麼不行。不過修憲除了要全體立法委員四分之一之提議，全體立法委員四分之三之出席，及出席委員四分之三之決議，並於公告半年後，經中華民國自由地區選舉人投票複決，有效同意票過選舉人總額之半數才能生效，門檻相當高，要透過修改憲法來達成「第二共和」制的難度甚高。

修憲難度高，制憲會比較容易嗎？答案當然也是否定的。畢竟有了草案後至少要經過：成立有民意基礎的制憲議會審議、審議期間公諸社會討論、制憲議會議決草案、公民複決制憲議會之憲草、元首公佈公投通過之憲草等制定新憲的程序。[10]在異常複雜的制定新憲過程中，能否凝聚公民共識

---

[10] 黃爾璇，重構台灣憲法的途徑──修舊憲或制新憲，**台灣國**http://www.taiwannation. org.tw/ng/page_d_03.htm。上網日期：2023年8月9日。

恐大有疑問？更遑論可能面臨來自於美國與中國大陸要求不得改變現狀的壓力，要達成制訂新憲的目標，其實沒有想像中的容易。也正因為修憲、制憲的難度都不低，因此自2007年以後，「第二共和」憲法草案就不再成為媒體關注的焦點，即使是民進黨2016年再度執政，也未讓「第二共和」憲法草案浮上枱面。

2007年4當陳明通教授出任陸委會主委時，在立法院被問到會否推動「第二共和」憲法時表示，「除非政府把他擔任教授期間所提出的『第二共和』憲法當成政策，否則，他不會在民進黨內部、外部或其他場合推動『第二共和』憲法」；陳明通另指出「陳教授的『第二共和』憲法公布後，東西已經擺在那裡，社會如果希望使用這個版本，陳教授不會反對；馬候選人（馬英九）要拿去用，陳教授也歡迎啊！」[11]

由以上論述可知，雖然台灣有部分人士不喜歡中華民國憲法有預設終極統一的設計，但是卻在法制面上找不到可以修改或甚至全盤推翻的著力點。這或許是為何憲法會被稱為根本大法的原因，實際上行憲恐怕比修憲或制憲來得更加重要，若

---

[11] 陳明通：任內不會推動"第二共和憲法"，中評社，2007年5月24日，http://hk.crntt.com/doc/1003/7/4/8/100374852.html?coluid=19&kindid=0&docid=100374852。上網日期：2023年8月9日。

是不喜歡就要修正或推翻，在政治運作上豈有寧日！只是不喜歡這部中華民國憲法的人士，自然不會從此偃旗息鼓，仍然會試圖透過各種方式來實踐其理念，台灣也就持續在此種統一、不統與獨立之矛盾中內耗！

第二節　政治運作趨向不統與獨立

如前所述，不論台灣百姓喜歡不喜歡，中華民國憲法有終極統一的設計。不過根據政治大學選舉研究中心歷年來所做的民調，大部分的民眾都傾向於維持現狀，贊成統一的數字甚低，因此政黨為了能夠取得執政權，尤其是中央執政權，在實際政治運作上傾向維持現狀，或甚至傾向獨立，就不奇怪了！畢竟根據政治大學選舉研究中心歷屆所做的民調，認同自己是中國人或同時是台灣人與中國人的只佔了33%，幾乎只是認同自己是台灣人62.8%的一半（如圖5-1）。

特別是30歲以下的年輕人，受到本土化教育的影響，兩岸統一似乎不在他們的考慮範圍內，政黨若要吸引年輕人的選票，自然就不能將兩岸統一當成競選政見或施政目標，否則大概很難勝選。中國國民黨在黨章的前言中，提及該黨「奉行三民主義五權憲法之宗旨，力行民主憲政之理念，追求國家

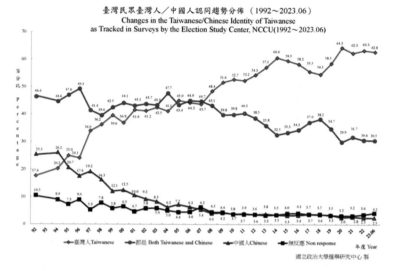

圖5-1　台灣民眾台灣人／中國人認同的趨勢分析

資料來源：國立政治大學選舉研究中心重要政治態度分佈趨勢圖

富強統一之目標，始終如一。願我全黨同志，秉持傳統革命
精神，互策互勵，共信共行。」[12]黨章第一章總綱的第一條也
明定「本黨基於三民主義的理念，建設臺灣地區為民有、民
治、民享的社會，實現中華民國為自由、民主、均富和統一的
國家。」[13]

---

[12]　中國國民黨黨章，**中國國民黨**，2021年10月30日，http://www.kmt.org.tw/2022/
03/blog-post_55.html。上網日期：2023年8月9日。

[13]　Ibid.

既然國民黨的黨章明定要實現統一的目標，也曾經制訂「國統綱領」，照理說中國國民黨在2008年重新取得中央執政權，理應恢復被前總統陳水扁終止適用的「國統會」與「國統綱領」才是。不過時任總統府發言人王郁琦針對媒體報導恢復「國統會」的消息表示，「報導純粹是傳言，馬英九總統已經明確表達『不統、不獨、不武』是當前兩岸政策的指導方針，不會因為兩岸關係的改善而有所改變。」[14]

　　馬英九將「不統」當成是政策方針，任內當然就不會將統一當成施政目標，若不是顧及台灣內部的政治現實，又豈會如此？誠如蘇進強所言：「目前阻礙台灣恢復『國統綱領』的最大障礙就『在馬英九的一念之間』，馬英九不敢做的原因是因為他民調太低了。如果馬英九和國民黨在執政期間內，民調支持率如果一直不見起色，兩岸的政治互信或者軍事互信同樣也『起不來』，可謂『水落船低』。」[15]由此可見，施政仍必須顧及政治現實。

　　即使是卸任之後，馬英九在2022年被問到若國民黨再執

[14] 台灣總統府指恢復國統會報導傳言，美國之音中文，2008年7月6日，https://www.voachinese.com/a/a-21-w2008-07-06-voa34-63086757/1049445.html
[15] 蘇進強，恢復國統綱領就在馬英九一念之間，台灣中評網，2013年9月16日，http://www.crntt.tw/crn-webapp/doc/docDetailCreate.jsp?coluid=247&kindid=14041&docid=102731653&page=2&mdate=0919130654。上網日期：2023年8月9日。

政是否可能恢復「國統綱領」的執行時表示，「其時機已經過了，現在『憲法增修條文』已經是處理兩岸關係最主要的根據，若把『國統綱領』重提，『可能有點跟時代脫節』」。[16]「憲法增修條文」，固然有兩岸終極統一的設定，也可以是處理兩岸關係的根據，不過卻不如「國統綱領」來得淺顯易懂、簡單明瞭。此種跟時代脫節的說法，恐怕還是顧及到國內政治。

國民黨不把終極統一視為施政目標，也反映在對待「九二共識」的態度上。「九二共識」本是國民黨執政期間與中共之間，在1992年為了事務性談判不受干擾，在「一個中國」議題上所達成的諒解，不論當初是否用「九二共識」這個名詞，應該都不妨礙兩岸曾在「一個中國」議題上，達成「各自口頭表述一中」（即一中各表）的諒解或共識，否則1993年就不會有台灣海基會、中共海協會在新加坡舉行之董事長與會長之間的「辜汪會談」，也不會在2008年至2016年國民黨在中央執政期間，與對岸簽訂的23項協議。[17]

當「九二共識」被中共窄化為只有「一個中國原則」，

16　廖士鋒，「國統綱領」是否需要恢復？馬英九：時機已過，聯合報，2022年10月19日，https://udn.com/news/story/7331/6699757。上網日期：2023年8月9日。
17　邱莉燕，15次會談、23項協議，邁向穩健互動，遠見雜誌，2015年12月18日，https://www.gvm.com.tw/article/21305。上網日期：2023年8月9日。

而沒有「各自表述一中」的空間，再加上民進黨政府將「九二共識」等同於「一國兩制」，在台灣認同意識愈來愈強烈的情況下，使得想要重新取得執政權的國民黨，在論述「九二共識」的態度上，就顯得有點曖昧。國民黨主席朱立倫2022年6月7日在美國華府智庫「布魯金斯研究所」（Brookings Institution）發表「台灣未來方向」演說時表示：「『九二共識』是兩方的建設性、創造性模糊，是『沒有共識的共識』（Non-Consensus Consensus），國民黨期望擱置衝突，向前邁進。」[18]

朱立倫在「訪美之旅結束‧返台」記者會上，針對「九二共識」是「沒有共識的共識」闡述：「國民黨是創立中華民國的政黨，永遠捍衛中華民國，維護民主制度、反對台獨，希望能守護台灣，兩岸能夠和平交流；強調『九二共識』，最重要的精神就是求同存異，對於雙方沒有共識的部分相互尊重、各自表述；希望未來兩岸持續交流、溝通，對於大家認知不同的繼續努力，希望兩岸能夠和平，『國民黨永遠捍衛中華民國，這件事絕不改變』」。雖然表明要永遠捍衛中華民國，然而卻對於中華民國追求中國統一的目標隻字不提，若不是受到

---

[18] 江今葉，談九二共識，朱立倫:沒有共識的共識，**中央社**，2022年6月7日，https://www.cna.com.tw/news/aipl/202206070013.aspx。上網日期：2023年8月9日。

台灣內部政治的影響，又豈會如此？

　　參與2024年總統選舉的國民黨參選人侯友宜市長，在2023年訪問日本接受日媒訪問時也表示，未來執政會用前總統馬英九常說的「不統、不獨、不武」，重新回到國民黨執政時兩岸穩定現狀。[19]換言之，侯友宜未來不論是出任4年或8年的中華民國總統，追求統一也不是國民黨執政的施政目標。對於一心想要尋求兩岸統一的中國共產黨，會否有耐心等待台灣民眾同意與大陸協商統一的日期來到？還是要採取非和平手段來達成兩岸統一呢？誰也說不準。畢竟大陸國家主席習近平曾表示，兩岸長期存在的政治分歧問題，是影響兩岸關係行穩致遠的總根子，總不能一代一代傳下去。[20]

　　相對於國民黨受到台灣內部政治的影響而選擇不統的路線，民進黨則表面上看似採取的是維持現狀的政策，在實際的政治運作卻是採取偏獨的立場。姑且不論該黨有宣稱已成為歷史文件的「台獨黨綱」，即使是為了因應台灣現狀的「台灣前途決議文」，也提及「台灣是一主權獨立國家，其主權領域僅

19　張睿廷，接受日媒專訪／引馬英九說法談兩岸　侯友宜：不統不獨不武，**聯合報**，2023年8月2日，https://udn.com/news/story/123307/7340709。上網日期：2023年8月10日。

20　習近平，在《告台灣同胞書》發表40周年紀念會上的講話，**新華網**，2019年1月2日，http://cpc.people.com.cn/BIG5/n1/2019/0102/c64094-30499664.html。上網日期：2023年8月10日。

及於台澎金馬與其附屬島嶼,以及符合國際法規定之領海與鄰接水域。台灣,固然依目前憲法稱為中華民國,但與中華人民共和國互不隸屬,任何有關獨立現狀的更動,都必須經由台灣全體住民以公民投票的方式決定」。[21]明定主權領域僅及於台澎金馬與其附屬島嶼,顯然與中華民國憲法將大陸地區也納入主權範圍有所差異,因此雖說是維持現狀,實際卻是讓中華民國獨立於整體中國之外。

2000年民進黨籍的前總統陳水扁在就職演說中,雖然提及「四不一沒有」─「任內不會宣佈獨立,不會更改國號,不會推動兩國論入憲,不會推動改變現狀的統獨公投,也沒有廢除國統綱領與國統會的問題」,也強調兩岸「共同來處理未來『一個中國』的問題」。[22]然而,陳水扁第一任期尚未結束,就在2002年視訊參加「世界台灣同鄉會第二十九屆年會」致詞時,公開聲明宣布「台灣中國、一邊一國」,[23]公然違背2000年就職演說的承諾,儘管這還是屬於言論的層次,未進入實質推動的行動,不過,才過兩年就把「未來一中」拋諸腦

[21] 林朝億,前途決議文、林濁水:加入「目前」國號為中華民國,扁系很不高興,Newtalk新聞,https://newtalk.tw/news/view/2021-07-11/602408。上網日期:2023年8月10日。

[22] 陳水扁,中華民國第十任總統、副總統就職慶祝大會。

[23] 林志鴻,歷史上的今天:陳水扁總統提出「一邊一國」。

後，恐也是為了滿足國內政治的需要，更遑論2006終止適用國統會與國統綱領，偏獨的立場展露無疑。

蔡英文的第二任期，在2021年國慶大會演說中，提及「從1949年中華民國立足台灣以來，已經經歷七十二年。這七十二年來，我們的經濟從貧窮到富裕、政治從威權到民主、社會從一元到多元，一步一腳印，成就了今天中華民國台灣嶄新的樣貌。」另在演說中提出「四個堅持」－「堅持自由民主的憲政體制，堅持中華民國與中華人民共和國互不隸屬，堅持主權不容侵犯併吞，堅持中華民國台灣的前途，必須遵循全體台灣人民的意志」。[24]

這演說不僅讓已經一百多年的中華民國只剩下七十二年，國名也改為「中華民國台灣」，可謂是透過演說將「中華民國是台灣」予以實體化，亦即未推動或宣布台灣獨立的獨立，國名比「台灣前途決議文」更進一步，不再依據憲法的國名為中華民國。若再搭配「堅持中華民國與中華人民共和國互不隸屬」的說法，明顯是以「新兩國論」確立「中華民國台灣」獨立於整體中國之外。換言之，就是沒有台獨之名，卻

[24] 蔡英文，共識化分歧、團結守台灣，總統發表國慶演說，**中華民國總統府**，2021年10月10日，https://www.president.gov.tw/News/26253。上網日期：2023年8月10日。

有台獨之實，只是未經正式的法制程序來確立領土範圍與國名。未經法制竹程序的最大問題，就是名不正、言不順，待新任總統上台，該政策極可能就人走茶涼。

參與2024年總統選舉的民進黨參選人賴清德副總統，2017年在擔任行政院長期間曾在立法院表明：「自己是1個『主張台灣獨立的政治工作者』，也曾經在台南市議會講過，不管他擔任哪個職務，這個都不會改變」。[25]偏獨的立場，可說是民進黨公職人員中最強烈的。或許是「台獨政治工作者」的立場太過於強烈，2018年賴清德再次談到台獨時加上「務實」二字，並解釋務實有三：第1個務實是，台灣是一個主權獨立的國家，不必另外宣布台灣獨立；第2是台灣前途只有2300萬人可決定，其他人不行；第3，他接任行政院長率領行政團隊，建設國家、發展經濟、壯大台灣，讓國人選擇台灣、支持台灣，這就是務實的地方。[26]特別加了務實並予以闡釋，顯然是希望能降低偏獨立場的強烈程度。

2023年當賴清德正式被提名為民進黨總統參選人後，可

25 無論擔任哪項職務都不會變　賴清德：我主張台獨！自由時報，2017年9月26日，https://news.ltn.com.tw/news/politics/breakingnews/2204780。上網日期：2023年8月10日。

26 李欣芳，再談台獨　賴揆提「3務實、6方向」，自由時報，2018年4月15日，https://news.ltn.com.tw/news/politics/breakingnews/2395955。上網日期：2023年8月10日。

能是擔心過去偏獨的立場有引發兩岸軍事衝突的疑慮，不利吸引年輕人的選票，因此在接受專訪時再說明：「所謂『務實』就是根據事實，事實上台灣不屬於中華人民共和國的一部分，中華民國和中華人民共和國互不隸屬；所謂『工作者』就是守護台灣，自己棄醫從政的使命，就是守護台灣，促進台灣的民主、和平跟繁榮，這就是他的使命。在印太情勢緊張之際，自己的使命就是維護區域和平穩定，也必須要延續蔡英文總統的『四個堅持』」。[27]賴清德在2023年關於本身台獨立場解釋，已經與2017年的說明，有了非常大的差異，顯然過去所宣誓的「不管擔任哪個職務，這個都不會改變」說法，也難免是此一時、彼一時罷了！畢竟不能跟選票開玩笑。

　　由於賴清德的台獨立場比民進黨內的其他人士更加強烈，雖然已經有所修正，不過在某些感到特別自在的場合，仍然會不經意地表露希望看到以台灣之名獨立建國的一天，而非無奈地繼續使用中華民國。賴清德出席全國宜蘭旅外鄉親挺賴清德後援會時強調：「台灣總統可以走入白宮，我們所追求的政治目標就已經達成了。」[28]以現在的美台關係，台灣總統是

---

[27] 張柏源，不接受被貼「台獨金孫」標籤　賴清德：台灣斬釘截鐵不屬於中國一部分，Newtalk新聞，2023年8月7日，https://newtalk.tw/news/view/2023-08-07/883205。上網日期：2023年8月10日。

[28] 劉玉秋，賴清德：台灣總統走入白宮　政治目標就達成了，中央廣播電台，

不可以至美國首府華盛頓過境或訪問，除非台灣獨立，否則台灣總統幾乎不可能進入白宮。此種推動台灣獨立的另類說法，引發美方關切也就是再自然也不過的事了，因這論述已挑戰了美國「一中政策」的底線。雖然台灣外交部否認美方有關切賴的「進入白宮」說，但是英國金融時報報導美國務院資深官員對此表示關切，恐非空穴來風。[29]

　　由以上論述可知，中華民國憲法本有兩岸終極統一的設計，主要政黨理應按照憲法明定的方向走，但是囿於國內政治生態環境的影響，不得不在政治運作上立場有所調整。原本有追求國家統一目標的國民黨，擔心若高舉統一的大旗，可能永遠無法取得中央執政權，只得繼續主張「不統、不獨、不武」的立場。反觀原本有建立新而獨立國家目標的民進黨，擔心繼續走台獨路線，恐引發兩岸軍事衝突，不得已也只能接受中華民國的國名及其現狀，但是又不甘心，所以時不時就會出現「台灣中國、一邊一國」、「中華民國台灣」、「台灣總統進入白宮」等的說法。

2023年7月10日，https://www.rti.org.tw/news/view/id/2173121。上網日期：2023年8月11日。

[29] 陳政宇，傳賴清德「走入白宮說」被關切　吳釗燮：美國資深官員已否認，*自由時報*，2023年7月20日，https://news.ltn.com.tw/news/politics/breakingnews/4369794。上網日期：2023年8月11日。

這就是憲法統一與實際政治運作趨向不統及獨立的矛盾，若是此等矛盾不解，台灣恐怕很難跳脫時時必須為統獨議題爭辯的泥沼，無形當中也消耗讓台灣能義無反顧向前發展的力量。回想起1970到現在1990年代，統獨議題的爭議沒有如此激烈，台灣經濟才得以起飛，也才能成為亞洲四小龍之一，可是如今卻已褪色。若是統獨爭辯能找到出路倒也不妨，然而這議題已從1990年代一直爭辯到如今，除了內耗以外，看不到出路那裡，何不擱置爭辯，全力發展經濟並厚植台灣的各項實力，如此才有能力走出自己認可的路，不是嗎？

第六章　全球化與本土化的矛盾

　　台灣四面環海，天然資源有限，若要有好的發展，勢必要跨越邊界限制對外開放，否則如何能夠吸引更多資源來到台灣。另一方面台灣也不斷地透過建構認同，以找到立足於世界的位置，以致出現此種既發展需要擁抱全球化、在教育上卻著重本土化的矛盾現象。

第一節　發展應擁抱全球化

　　根據Peterson Institute for International economics（IPEE）的定義，全球化這個詞彙用來描述世界經濟、文化和人口之間日益增長的相互依存性，這種相互依存性是由商品和服務、技術以及投資、人員和資訊的跨境流動所帶來的；該詞彙在20世紀90年代初冷戰結束後開始流行，因為這些合作安排形塑了現代日常生活的樣貌。[1] Jason Fernando也表

[1] "What Is Globalization? And How Has the Global Economy Shaped the United

示，全球化是指金融產品、商品、技術、資訊和就業機會跨越國界和文化的擴散式流動。[2]換言之，全球化是商品、服務、技術、投資、以及人員和資訊鮮少限制的跨境流動。

當然全球化不是只有百利而無一害，實際上全球化的廣泛影響是複雜且具有政治色彩的，與重大技術進步一樣，全球化有利於整個社會，但也損害了某些群體。[3]因此在世界各個角落總是不缺支持與反對的意見，Jason Fernando將支持與反對全球化的意見整理如表6-1。其中支持與反對的意見各有四項，可謂是不相上下，這也就說明支持者必須顧慮反對者在意的事項，降低反對的聲浪，才能讓全球化愈走愈遠。

世界貿易組織（WTO）無疑是全球化的代表。根據WTO官網表示，該組織是唯一處理國家間貿易規則的全球性國際組織，其核心是世貿組織協議，由世界上大多數貿易國家談判和簽署，並由各國議會批准，目標是確保貿易流動盡可能順利、可預測和自由。[4]在該組織的概述中可發現，「世貿組織

States?" *IPEE,* October 29, 2018, https://www.piie.com/microsites/globalization/what-is-globalization. Retrieved on Aug 12, 2023.

2 Jason Fernando, "Globalization in Business With History and Pros and Cons", *Investopedia*, March 28, 2023, https://www.investopedia.com/terms/g/globalization.asp. Retrieved on Aug 12, 2023.

3 "What Is Globalization? And How Has the Global Economy Shaped the United States?．

4 "The WTO", *World Trade Organization,* https://www.wto.org/english/thewto_e/

表6-1 支持與反對全球化的意見

支持全球化	反對全球化
更大的商品和服務市場	將財富集中在少數較富裕的國家
更便宜的消費價格	一些較貧窮的國家可能會被拋在後面
外包可使國內企業和外國勞動力受益	較貧窮國家的勞動力和智力資源可能被剝削
生活水準提高	世界各地的文化和消費產品可能變得同質化

資料來源：Jason Fernando, Globalization in Business With History and Pros and Cons, Investopedia, March 28, 2023, https://www. investopedia.com/terms/g/globalization.asp.

的創立和指導原則仍是追求開放邊界、保證最惠國原則和非歧視待遇，以及承諾其貿易活動的透明度；向國際開放國內市場，除了合理的例外情況外，世貿組織鼓勵和促進可持續發展、提高人民福祉、減少貧困、促進和平與穩定；這種市場開放必須輔以健全的國內和國際政策，並根據每個成員的需要和願望促進經濟增長和發展」。[5]

　　儘管世貿組織有著無可爭議的好處，但是它目前也面臨著一系列嚴峻的挑戰，其中最明顯的挑戰是它正在失去作為貿

thewto_e.htm. Retrieved on Aug 12, 2023.

[5] "Overview", *World Trade Organization,* https://www.wto.org/english/thewto_e/ whatis_e/wto_dg_stat_e.htm. Retrieved on Aug 12, 2023.

易自由化主要工具的作用，多哈回合談判的困難和自由貿易協定的激增則加速了這種挑戰。[6]事實上，對於一些國家而言，自由貿易協定可能帶來更深入、更廣泛的貿易自由化，然而多哈回合談判卻因此而停滯不前。[7]換言之，隨著貿易自由化的成果出現在其他地方，世貿組織的重點需要轉向在管理國際貿易和解決貿易爭端方面的作用。[8]

台灣在2002年1月1日以「台澎金馬單獨關稅領域」（TPKM, Chinese Taipei）成為WTO正式會員，原本可以趁著這波經濟全球化的浪潮，讓台灣的經濟可以維持如1961-1990年高速與穩定成長（如表6-2）。不料因為多哈回合談判停滯不前，使得台灣想要利用參與WTO而使經濟成長再創新高的目標打了折扣（如表6-3）。

既然擁抱全球化的結果不如預期，台灣若要經濟再穩定成長，就必須在取代全球化的區域化上有新的進展。現今在亞太地區的區域化經濟合作協定，以現都已生效的區域全面經濟夥伴協定（RCEP）及跨太平洋經濟夥伴全面進步協定

[6] Joshua Meltzer, The Challenges to the World Trade Organization: It's All About Legitimacy, *Brookings,* April 19, 2011, https://www.brookings.edu/articles/the-challenges-to-the-world-trade-organization-its-all-about-legitimacy/. Retrieved on Aug 12, 2023.

[7] Ibid.

[8] Ibid.

表6-2　台灣1961-1990經濟成長率

1961	1962	1963	1964	1965	1966	1967	1968	1969	1970
7.05	8.93	10.74	12.63	11.89	9.63	11.15	9.71	9.59	11.51

1971	1972	1973	1974	1975	1976	1977	1978	1979	1980
13.43	13.87	12.83	2.67	6.19	14.28	11.41	13.56	8.83	8.04

1981	1982	1983	1984	1985	1986	1987	1988	1989	1990
7.10	4.81	9.02	10.05	4.81	11.51	12.75	8.02	8.72	5.54

資料來源：行政院主計總處，https://nstatdb.dgbas.gov.tw/dgbasall/webMain.
aspx?sys=210&funid=A018101010

表6-3　台灣2001-2020經濟成長率

2001	2002	2003	2004	2005	2006	2007	2008	2009	2010
-1.40	5.48	4.22	6.95	5.38	5.77	6.85	0.80	-1.61	10.25

2011	2012	2013	2014	2015	2016	2017	2018	2019	2020
3.67	2.22	2.48	4.72	1.47	2.17	3.31	2.79	3.06	3.39

資料來源：行政院主計總處，https://nstatdb.dgbas.gov.tw/dgbasall/webMain.
aspx?sys=210&funid=A018101010

（CPTPP）最受注目。據世界銀行統計，RCEP涵蓋23億人口，佔世界人口的30%，貢獻25.8兆美元，約佔全球GDP的30%，貿易額達12.7兆美元，佔全球貿易額的四分之一以上；

商品和服務，佔全球外國直接投資（FDI）流入量的31%。[9]

　　CPTPP雖然只有5億消費者，但也佔了全球GDP 13.5%，其重要性也不容小覷。[10] CPTPP是一項具有強烈企圖心、高標準的自由貿易協定，幾乎涵蓋了貿易和投資的各個方面；該協議在貨物貿易、服務、投資、勞動力流動和政府採購方面做出了強烈企圖心的市場准入承諾，且制定了明確的規則，有助於創造一致、透明和公平的經營環境，並設立專門章節涵蓋了貿易技術壁壘、衛生和植物檢疫措施、海關管理、透明度和國有企業等關鍵問題。[11]

　　由於中國大陸是RCEP的成員國，除非兩岸未來達成同意台灣加入的諒解，否則台灣幾乎不可能加入RCEP。既然無法加入涵蓋全球GDP之30%的自由貿易協定，能加入佔全球GDP 13.5%的CPTPP，也應有助於台灣的外貿發展。只是台灣2021年9才提出申請，比距離亞太地區甚遠的英國2021年2月就提出申請，晚了將近7個月，甚至比中國大陸晚10天提出申請。若大陸不提出申請，台灣會否在2021年9月提出申請，

---

[9] "The RCEP Agreement Enters into Force", *ASEAN,* https://asean.org/rcep-agreement-enters-into-force/. Retrieved on Aug 12, 2023.

[10] "CPTPP explained", *Government of Canada,* https://www.international.gc.ca/trade-commerce/trade-agreements-accords-commerciaux/agr-acc/cptpp-ptpgp/cptpp_explained-ptpgp_apercu.aspx?lang=eng. Retrieved on Aug 12, 2023.

[11] Ibid.

恐還在未定之天。

　　這也說明台灣在申請參加亞太區域經濟協定，似乎未全力以赴，否則應在英國提出申請後，立即提出。英國在提出申請2年多的2023年7月，已簽署加入CPTPP的文件，[12]不過台灣在申請加入近兩年的時間，連入會工作小組都尚未成立，能否如日媒所言是下一個加入，其實很有疑問。[13]日本學者島田洋一指出，加入CPTPP的前提是「全面同意接受規則」；如今英國以此為前提加入CPTPP，「當然下一個就是台灣加入」，不過「與中國走得近的東南亞國家是否同意將是個課題」。[14]

　　另有報導指出，日本對中國大陸能否遵守CPTPP規則，一直抱持疑慮。但若中國大陸先台灣一步加入，台灣就很可能受阻。[15]由此可知，台灣要繞過中國大陸而加入CPTPP難度甚高，若是台灣要以加入區域化的CPTPP來取代全球化功能

---

[12] Dharshini David,"CPTPP: UK agrees to join Asia's trade club but what is it?", BBC, 16 July, 2023, https://www.bbc.com/news/explainers-55858490. Retrieved on Aug 14, 2023.

[13] 楊明珠，英國申入CPTPP獲准創先例、日媒分析：下一個就是台灣，*中央社*，2023年3月31日，https://www.cna.com.tw/news/aopl/202303310018.aspx。上網日期：2023年8月14日。

[14] 英國加入CPTPP　下一個是台灣？德國之聲中文網，2023年3月31日，https://www.dw.com/zh/%E8%8B%B1%E5%9C%8B%E5%8A%A0%E5%85%A5cptpp-%E4%B8%8B%E4%B8%80%E5%80%8B%E6%98%AF%E5%8F%B0%E7%81%A3/a-65176941?zhongwen=trad。上網日期：2023年8月14日。

[15] Ibid.

不彰的WTO，恐怕要想方設法找到不使中國大陸造成阻礙的出路，改善兩岸關係或許是可行方法之一。

第二節　教育卻著重本土化

　　台灣經濟發展倚賴對外貿易甚深，故擁抱全球化確實是讓台灣經濟永續發展非常重要的手段。不過由於台灣特殊的歷史文化背景，包括曾被西班牙、荷蘭佔領，明清朝期間，鄭成功打敗荷蘭統治台灣未久，清康熙時期派遣施琅攻打澎湖，並透過和談將台灣納入滿清的版圖。1894年的中日甲午戰爭滿清戰敗，並於1895簽訂馬關條約割讓台灣，開啟了日本佔據台灣的50年，直至1945二次世界大戰結束。二戰日本戰敗放棄台灣的主權，使台灣重回1912年推翻滿清建立之中華民國的懷抱。

　　1947年因緝私煙而引爆軍民衝突的228事件，造成不少台灣本地及大陸移民來台的民眾傷亡，此事件使得不少台灣百姓對於1949年來台之中華民國的統治始終有意見，將同文同種的統治者視為「外來政權」，[16]反而對於異族統治的日本有

---

[16] 蔡英文2010年擔任民進黨主席時曾表示，中華民國是一個流亡政府，在（過去）台灣統治的幾十年來，看到威權統治與中國性的合體，如今中國性與台灣性、台灣主體意識發生微妙關係，以前中國性是主體，台灣性是客體，如今主客易位。請參見李欣芳等，蔡英文：中華民國是流亡政府，**自由時報**，2010年

特殊的情懷。[17]美國基於冷戰對抗共產集團的需要，鼓吹「台灣地位未定論」，避免台灣淪入已在大陸建立政權的中華人民共和國之手。[18]只是當美國需要「聯中制俄」時，就與中華人民共和國建交與中華民國斷交，也就不再倡導「台灣地位未定論」，而是強調「一中政策」，並以國內法的「台灣關係法」來維持與台灣的非官方關係，且根據地緣政治與美中競爭的需要，彈性調整與台灣的非官方關係。

　　既然「台灣地位未定論」是由美國所發起，保留台灣可以「人民自決」方式決定國家定位，而可不落入中華人民共和國的手中，但是當美國採取「一中政策」時，台灣地位如何了呢？主張「台灣地位未定論」的學者，認為經過台灣人民打拚奮鬥，透過人民有效自決，使台灣演進成為一個與中國互不隸屬、主權獨立的國家，理由是台灣解嚴後國會全面改選與總統直選等民主化，這是屬於一種有效的自決。[19]如果這種主張成立的話，為何美國等世界上大部分國家，未選擇與台灣、中華

5月26日，https://news.ltn.com.tw/news/politics/paper/398509。上網日期：2023年8月14日。

[17] 施正峰，台灣人的日本情懷，**中國時報**，2022年2月11日，https://www.chinatimes.com/newspapers/20220211000523-260109?chdtv。上網日期：2023年8月15日。

[18] 李欣芳，台灣地位未定論掀波、陳儀深：美當年運作未定論、防台灣歸中國，**自由時報**，2022年5月1日，https://news.ltn.com.tw/news/politics/paper/1514694。上網日期：2023年8月14日。

[19] Ibid.

民國或中華民國台灣建立正式的外交關係呢？

　　由此可見，雖然台灣地位已定，但是缺乏有效「人民自決」的法制程序，亦即正名制憲的公民投票，以致未能實質建立與中國互不隸屬、主權獨立的國家。這既是國際法的規範，亦是國際政治的現實。為了有朝一日能夠透過公民投票決定正名制憲，以台灣為主體，切斷與傳統中國歷史之聯繫的本土化教育勢必不可少，否則如何能與中國大陸作出區隔，進而能順理成章地區分「我者」與「他者」，為正名制憲公投創造條件。

　　從歷史教科書改起是再自然也不過的事，而台灣在1994年、2002年、2004年分別進行過所謂「去中國化」的歷史教育大變動；2006年以後，台灣中學歷史課本的「本國史」被分割為「中國史」與「台灣史」，「台灣史」單獨成冊，區別了漢人與台灣原住民兩個概念，以台灣島與本地居民為主體。[20]在台灣生活當然要多瞭解台灣的歷史，這原本就無可厚非，但不見得需要將原來的本國史一分為二，分成台灣史與中國史，如此區分要說沒有與中國切割的意圖，大概也難自圓

---

[20] 周衛、王凡，同樣的中國歷史、不同的兩岸教科書，BBC中文，2018年8月17日，https://www.bbc.com/zhongwen/trad/world-45195207。上網日期：2023年8月14日。

其說。

　　由於部分台灣人士本土意識強烈，當國民黨執政時期的教育部，在2015年要以中華民國史觀來調整高中歷史課綱時，部分反課綱的高中生不僅密集到教育部抗議，並在2015年7月23日夜襲教育部，衝進部長室。[21]儘管有學者表示，新課綱的問題在於缺乏系統論述、專業不足，[22]不過時任嘉義縣長張花冠則明確地指出，課綱調整內容悖離台灣本土史觀，例如將「鄭氏統治」改為「明鄭統治」，凸顯「台灣在鄭氏時期也為中國統治」，強化中國統治台灣的歷史，已引起眾多民間社團與專家學者的批判；張花冠另表示，新課綱當代台灣部分，新增「光復」與「政府遷台」的用詞來矮化台灣主體，讓「大中國」、「大一統史觀」重新復辟。[23]可見爭執點不是缺乏系統論述或專業不足，關鍵在於史觀不同，只是高中生就已經在抗議了，說明未來要以中華民國史觀來編寫歷史教科書的難度愈來愈高。

　　教育部在2018年指出，12年國教108年新課綱高中歷史將不再分台灣史、中國史及世界史，而是分出3個分域：台

---

[21]　整理包／課綱微調爭議　到底在吵什麼？**聯合新聞網**，2015年7月24日，https://theme.udn.com/theme/story/7491/1076685。上網日期：2023年8月14日。

[22]　Ibid.

[23]　Ibid.

灣、東亞及世界，一改過往大量中國史內容，從原本的1.5冊內容縮減為1冊，並將中國史改放在東亞史的脈絡下討論。[24]有研究台灣史的學者表示，用東亞的觀點去看中國文化，例如用東亞的架構看漢字、漢文等等，「觀點不一樣，可以看到更多元、複雜的東西」，且從中國起源的事實是不會變的。[25]不過，也有史學教授表示，「從教育角度看，這樣的歷史課綱實在很荒唐！」，是為了「去中國化」，憂心下一代會變成「沒有史觀」，質疑這個課綱是「台灣國」的課綱嗎？中華民國的課綱怎麼可以沒有中華民國的主體性？[26]

另有在教學現場的高中歷史教師指出，目前的高中歷史課綱，中國史、台灣史和世界史都很完整，現在改為主題式，變得「支離破碎」；完整的內容落在國中端，但學的是比較粗淺的內容，高中應該是要加強學生歷史能力的階段，但現在又變成全部是主題討論。[27]當執政者刻意切斷台灣與中國歷史的連結，不只是學生的歷史觀將顯得支離破碎，認同也會出現混亂，到底運動員參加國際賽事要叫中華隊，還是台灣隊？

---

[24] 馮靖惠等，去中國史？變東亞史？歷史新課綱大翻轉，**聯合新聞網**，2018年8月9日，https://udn.com/news/story/12401/3299701。上網日期：2023年8月14日。

[25] Ibid.

[26] Ibid.

[27] Ibid.

認同混亂當然不利於團結，不能團結又如何能讓全民都專注在國家發展上呢？如果透過歷史切割能達成公投正名制憲的效果，亦未嘗不可！只是總統直選都已經過了近三十年，正名制憲依然未納入在公投法的議決項目內，試問還要繼續多久？

　　為了與中國作出區隔，當世界上大部分國家，包括聯合國漢字音譯都用漢語拼音，台灣卻堅持要用通用拼音。此舉顯然忘記音譯是要讓外國人來台灣方便辨識，有利於全球化的發展，當然要以國際習慣使用的為主。若是堅持用通用拼音，除了自我滿足以外，實在看不出有什麼其他功能。這當然也是台灣本土化的一環，只是真的有必要因此犧牲國際交流的方便性嗎？

　　另外鄉土語言教育的推動亦是如此，不著眼於文化傳承，而在於為政治服務。2001年9月30日教育部公布「國民中小學九年一貫課程暫行綱要」，將鄉土語言列為國小一至六年級必修課程，每週至少授課一節，學生必須由學校開設的各種鄉土語言中擇一學習，國中則列為選修。[28]不過，因為鄉土語言教育的推動和政治的統獨之爭掛勾，導致單純的教育問題因政治力量的介入而糾纏不清，使得鄉土語言政策有政黨政治

---

[28]　吳耀明、馮厚美，鄉土語言教學政策形成與實施現況訪談分析，**屏東教育大學學報**，2007年3月，26:37-72。

意識型態取向、鄉土語言政策為本土化課程創造「新霸權」地位、政策本身的搖擺不定、政策制訂過程回應性不夠等問題，成效不彰。[29]

　　吳耀明、馮厚美指出，實際上家庭才是母語最佳的傳承場所，父母除了態度上鼓勵學童說鄉土語言外，實際行為上也要多用母語和學童交談。學童在校所學的鄉土語言畢竟有限，父母才是學童學習鄉土語言的最佳教師。父母在家營造一個練習和使用母語的環境，讓母語不只是學校的學科語言，而是能落實在生活中使用的溝通語言，這才是語言維繫的根本。[30]楊素玲也認為，家長應對本土語言的傳承有正向積極的態度，多用閩南語與子女交談，以建立學童對本土語的正向觀感，更可連結社區，以閩南語為社區互動主要用語。[31]

　　實際上，誠如楊素玲所言，語言政策常常是握有宰制國家政策的決定者所制定的，並以此反映及維持其既有的利益與權力關係；而政策的形成與制定過程，是一個「多元對立」、「動態消長」的過程，有「政治」考量高於其他因素的考慮，臺灣隨著近20年來的政權輪替，語言政策也亦受其連

---

[29] Ibid.

[30] Ibid.

[31] 楊素玲，國小閩南語教學實施現狀與未來展望，**臺灣教育評論月刊**，2021年10月，10:147-151。

動影響，時而消長，更影響到本土語言推行的成效。當然語言教育政策與政治連動在所難免，政府應依循各族群人民語言平權作考量，以各族群文化延續傳承為圭臬。[32]由此可知，出於政治考量的語言政策，不僅無法達到說本土語的效果，反而減少學生學習外語與國際接軌的機會，可謂是得不償失。

當然如果為了學習外國語文，不是出於有利於全球化的考量，而是基於本土化政治的考量，也會引發不少爭議。台灣政府為打造台灣成為「雙語國家」之願景，制訂了「2030雙語政策」的指導方針，其前身為「2030雙語國家發展藍圖」，全面推動教育體系的雙語活化；雙語教育（bilingual education）是此政策中最重要的一環；實施迄今出現不少走火入魔的現象，例如，有些大學的中文系聘用教師的資格之一，是要能使用英語教中文。[33]

不只是政策出現中文系聘任使用英語教中文的怪象，歐盟及其會員國家的駐台代表聯合致函給我國政府官員，表達對於草率推行的雙語國家政策憂心忡忡，擔心學校課堂英語化的結果，可能只讓教師透過全英語教授歐洲語言，勢必導致學

---

[32] Ibid.

[33] 諄筆群，點教育》我們對雙語教育的覺知——不要被英語綁架，風傳媒，2022年9月19日，https://www.storm.mg/article/4497410?mode=whole。上網日期：2023年8月14日。

生對歐洲語言的學習品質下降。[34]也正因為雙語教學在全國公立學校執行上困難重重，不易達標，所以行政院國家發展委員會在2022年3月28日宣布，原本「2030雙語國家政策」改為「2030雙語政策」；主因是「2030國家雙語教育」政策陳義過高，華而不實，尤其是不要為了雙語教育而獨尊英語教育，否則會被英文綁架，摧殘我國學生的學習。[35]

當然雙語政策也不是一無是處，如同陶以哲所指出的，如果能透過適當英文，介紹本土現代詩或華人文學，去擴大華文思想與文化對世界的影響性，有何不可？過去台灣的林語堂、日本的村上春樹、對岸的高行健等作家，能被更多不同語系讀者看到，正是因為他們的作品是透過多種語言為媒介，方能擴大創作在全球的滲透性。陶以哲強調，雙語甚至多語就是讓自己能多些技能武器，以備不時之需；若對雙語政策仍有困惑或不解，那就回到語言最根本的工具價值，也就是能與外界溝通、能讓台灣成為更語言友善的工作與生活環境，讓人願意進來、我們能走得出去。[36]

---

[34] Ibid.

[35] Ibid.

[36] 陶以哲，雙語政策行不行？如果解決這些問題，台灣更有機會走向世界，**獨立評論**，2022年10月28日，https://opinion.cw.com.tw/blog/profile/507/article/12898。上網日期：2023年8月15日。

陶以哲的說法可能忽略了生活化英語與專業化翻譯英語的份際，不是每位台灣人都要親自用英文文本，向外國朋友介紹本土現代詩或華人文學，若專業訓練不足，反而可能造成誤解，回到能與外界溝通的語言工具價值，才是正解。只是政府推動雙語政策，是為了便利與外界溝通嗎？對此，黃光國就表示，任何人都不難看出，這是「自我殖民」的政府推動整體「文化買辦」政策的一部分，是幾個完全不懂教育的「專家」想出來的怪點子，除了「政治正確」外，毫無道理可言。[37]

黃光國進一步指出，有點社會心理學常識的人都知道：任何一種嚴謹的學術知識，如果沒有翻譯成本國文字，它就不可能進入本國的學術社群，本國學者也很難拿它來作為學術論辯之用；教育部要推動雙語教學政策，對理工科教師不是大問題，但對社會科學領域而言就有問題，因為外國教科書絕不可能為華人社會開發一套教材。本土社會科學的教師若也效法理工科教師授課，不是在發揚「自我殖民」式的「買辦文化」嗎？要求中文系教授「全英語授課」，除了說明要推動全面「去中國化」之外，看不出有其他目的可言。[38]

[37] 黃光國，自我殖民的雙語政策，**中國時報**，2022年7月6日，版12。
[38] Ibid.

語言政策實施不當，易造成「自我殖民」的現象，不是只有黃光國有此觀點。台師大英語學系兼任教授周中天也指出，語言政策固然有政治、經濟上的效果，但人民無法使用熟悉的母語學習，不利深層思考，也不能用於高階的政治、經濟或文化探究，容易失去本國語言的文化主體性，變成「文化殖民地」。[39]周中天另表示，過去只擔心雙語政策導致兩敗俱傷，但如今更擔心本國語言、學科、英語都無法學好形同「三振出局」；母語才是靈魂，外語都是延伸和利用，「一定要先顧好自己的靈魂」。[40]

　　台大英文系教授兼人文社會高等研究院院長廖咸浩亦表示，政府推動雙語政策似乎沒有經過專業諮詢，僅參照利益團體英國文化協會的報告，以致連英文系教授對此都反彈。廖咸浩另指出，政府可設想，若美國人使用孟加拉語來學習物理，成效到底如何？若非英語科系或母語出身者，卻使用英文來授課，屆時學生學科讀不好英語也不會進步，更可能影響中文能力；中文母語仍須花時間學習才能運用思考，才能捕捉知

---

[39] 許維寧，雙語政策中小學一頭熱　學者揭「越早學越好」僅是迷思，**聯合報**，2023年4月25日，https://udn.com/news/story/6885/7121846。上網日期：2023年8月15日。

[40] 許維寧，英語、專業全盤皆輸　教育部雙語政策恐淪「三振出局」，**聯合報**，2022年10月1日，https://udn.com/news/story/6885/6654310。上網日期：2023年8月15日。

識，沒有知識便沒有創造力，更不會有競爭力。[41]

　　由此可知，台灣經濟若要發展確實需要在全球化方面花費更多心力，而運用中國大陸市場亦是全球化的一環。對台灣經濟發展至關重要的工業總會，其理事長更表示，「兩岸聯手一起賺全世界的錢」。[42]不過政府卻基於政治或意識形態的原因，更著重於去「中國化」的本土化教育，連原本有利於全球化的雙語政策，亦因未經過專業諮詢，反而造成青年學子的競爭力喪失，使台灣淪為文化殖民地。實際上本土化與全球化原本有機會不造成互斥的局面，台灣珍珠奶茶、鼎泰豐、台積電得以在全球各地設點，就是「在地全球化」的最佳例證。然而由於政策的偏誤，使得全球化與本土化的矛盾日益明顯，若不能加化解，對台灣未來的發展極為不利。

---

[41]　Ibid.

[42]　黃雅慧，工總：兩岸聯手賺世界的錢，經濟日報，2023年4月20日，https://money.udn.com/money/story/5603/7112617。上網日期：2023年8月15日。

第七章　結論

　　台灣在1960至1990年的經濟起飛，與南韓、新加坡，香港合稱「亞洲四小龍」，此種經濟表現深受其他開發中國家的羨慕，更被視為東亞經濟奇蹟。原因是顛覆了拉丁美洲國家需要依賴美國等已開發國家發展之依賴理論的假設。然而隨著台灣民主化的腳步加快，過去隱而未現的矛盾逐漸浮上檯面，進而牽制了台灣向前發展。本書發現目前限制台灣永續發展的矛盾共有五項，分別為政治與憲法的矛盾、政治與經貿的矛盾、政治與軍事的矛盾、統一與不統及獨立的矛盾，以及全球化與本土化的矛盾，矛盾不化解，台灣的明天將是黑白的，而不是彩色的。

第一節　矛盾不化解台灣沒明天

　　第一，就憲法與政治的矛盾而言，在憲法上中華民國為主權國家，實際政治運作上卻未享有國家待遇。中華民國憲法

明定領土範圍為「依其固有之疆域」，所以儘管大陸地區已不在現在中華民國政府的管轄範圍內，但是仍然屬於中華民國領土。因此根據憲法而制定規範兩岸人民交流的「台灣地區與大陸地區人民關係條例」（簡稱兩岸人民關係條例），其中第二條明定：「臺灣地區：指臺灣、澎湖、金門、馬祖及政府統治權所及之其他地區」、「大陸地區：指臺灣地區以外之中華民國領土」。此種主權與治權分離的概念，不容易被一般民眾所理解，為何中華民國（台灣）明明是一個國家，卻在國際上無法享有國家的待遇？甚至也無法以正式的國名參與國際組織？

中華民國無法以正式的國名出席各項國際會議或國際組織，係受到國際政治格局現實的影響，所以參加奧運的正式名稱是「中華台北」（Chinese Taipei，中共稱為「中國台北」），參加亞太經合會的正式名稱同樣是「中華台北」，至於加入世界貿易組織的正式名稱卻是「台澎金馬單獨關稅區」（TPKM）簡稱「中華台北」。彷彿中華民國的正式名稱已經是「中華台北」而不是中華民國。沒有辦法用正式的國名走出去，又豈能不讓老百姓感受到有股氣出不了?然而不接受又能如何，勉強衝撞的結果，就是讓台灣的邦交國愈來愈少，能夠參與的國際組織愈來愈有限，還要繼續下去嗎？

第二，至於政治與經貿矛盾，在於「政治去中化」日益明顯，「經貿趨中化」卻愈來愈深。故總統李登輝的曾表示，1991的修憲、1992年憲改律定總統、副總統由人民直選，意味著兩岸關係是「國與國」、「至少是特殊的國與國的關係」的定位，然而他在1996年總統就職演說卻提及「海峽雙方都應致力結束（中國人打中國人）歷史的悲劇，開創「中國人幫中國人」的新局」。合理的解釋是，李登輝認為：「中共當局不顧兩岸分權、分治的事實。」既然中共不顧兩岸分治的事實，台灣只好走自己的路，「政治去中化」似已成為不得不走的路。

　　2000年前陳水扁繼任總統，在「政治上去中化」，可謂是更走更遠。在2000年總統就職演說中，陳水扁提出「四百年前，台灣因為璀麗的山川風貌被世人稱為『福爾摩沙──美麗之島』。今天，因為這一塊土地上的人民所締造的歷史新頁，台灣重新展現了『民主之島』的風采，再次吸引了全世界的目光。」刻意強調四百年的史觀，而且是用葡萄牙語的福爾摩沙，而非中國歷史普遍為人熟知之三國時代的夷洲，「去中化」的意思不能說不明顯。2002年清楚提出「台灣中國、一邊一國」的說法，以及2006年終止國統會與國統綱領的適用，可謂是已走政治「去中化」的道路上，將曾宣誓的「四不

一沒有」完全拋諸腦後。

2016年民進黨籍的蔡英文總統執政，雖然在就職演說中宣誓要以中華民國憲法與兩岸人民關係條例來處理兩岸關係，但是不接受以中華民國憲法為基礎的「九二共識」，很難說沒有在政治上有「去中化」的現象。尤其是在正式文告中指明中華民國與中華人民共和國互不隸屬，以及經常使用「中華民國台灣」來替代中華民國，將中華民國與大陸地區領土正式切割，可說是在「去中化」的道路上走得更遠。若台灣在政治上「去中化」，相應地也在經貿上展開分散外貿市場的「去中化」，相信會對於政治上的「去中化」有加乘作用，可是實際上卻又不是如此！

民進黨2000年第一次執政時，台灣對大陸的出口依賴度從23.7%，上升至40%。2008年國民黨籍的馬英九執政，將對大陸出口依賴度維持在40%左右，不料2016年民進黨的蔡英文執政後，又將台灣對大陸的出口依存度推升至43%。民進黨在野時曾經表示，執政後要發動公投否決ECFA，執政後不但沒有直接廢止ECFA，還讓台灣對大陸的出口依存度屢創新高，經貿「趨中化」現象明顯，與政治「去中化」背道而馳。

民進黨政府在2016年執政後，也曾試圖要以新南向政策

來改變台灣在經貿上過度依賴中國大陸的現象。然而台灣對東南亞國家的出口並未明顯增加、2018年至2020年的三年間，還呈現負成長的狀況。若非受到2021年至2022年大陸因為受到新冠疫情而封城的影響，導致台灣增加出口到東南亞國家，來取代不能出口到大陸的數量，恐怕出口數字不會如此呈現。尤其水果出口對大陸的依賴甚深，當大陸因為水果含有介殼蟲，而禁止台灣釋迦、鳳梨、蓮霧出口至大陸時，當然會引起相關農民的措手不及。若「政治去中化」與「經貿趨中化」矛盾不解，台灣經濟隨時可能面臨新的干擾。

第三，關於政治與軍事的矛盾，在於兩岸政治敵意日深，台灣的軍事準備卻遠遠不足。根據2022年12月的調查，台灣民眾對大陸整體印象變差為42.2%，變好則只有16.7%，變差是變好的2倍有餘，跟以前想比，可謂是不可同日而語。同樣的調查，2018年12月僅有28.4%印象變差，有59.7%對中國大陸印象變好，到了2019年12月，兩個數據出現黃金交叉，印象變差的多達44.2%，變好的僅剩下38.2%。2022年變差的數據雖然較2019年低，但是在誤差範圍內，且變好的只剩下2019年的二分之一都不到，台灣民眾對大陸的敵意不可不謂愈來愈深。台灣民對大陸的敵意愈來愈深，大陸人對台灣的敵意升高亦不遑多讓。

當代中國期刊2023年的研究調查顯示，大陸全國民眾抽樣受訪者中表示支持北京「武統」台灣者有55%，看似不高，不過畢竟55%仍是過半數字，代表就算中國忽然民主化，台灣還是可能處在威脅之下。2013年的調查顯示，去過臺灣或者正在臺灣旅行的大陸人更不支持武統，似乎顯示交流和了解確實能夠減少敵意，但當時是兩岸關係最好的時期，2023年調查卻是對臺灣新聞感興趣的、知道蔡英文是臺灣的、去過臺灣的，以及和臺灣人有個人接觸的大陸城市居民，都更支持武統。此種有交流接觸後非但沒有增進理解，反而加深敵意，確實令人憂心！其中大齡、男性及教育程度高的受訪者較支持中南海使用激烈手段處理台灣問題，而該等人是更具有決策影響力，所以更不能小覷。當兩岸民眾敵意漸深，台灣有加強建軍備戰來因應隨時可面臨的變局嗎？

面對從未放棄武力統一台灣的中共，台灣的義務役役期從早期陸軍服役兩年、海空軍三年，直至1990年義務役期全部劃一為兩年。2000年陳水扁執政時期，開始規劃「募兵制」，並將義務役役期逐漸縮，至2008年減至一年。2008馬英九上台後推動「全募兵」，確立志願役為主、義務役為輔的制度，並自2016年起僅實施四個月「軍事訓練役」。2016年蔡英文上任後持續採用「徵募並行」制，義務役仍只實施四個

月「軍事訓練役」，無視兩岸緊張情勢日增，直至2022年始宣佈重新恢復一年制兵役。這樣的兵役制度，如何代表台灣已準備好因應變局？

更嚴重的警訊是美國杜克大學的民調顯示，兩岸若開戰僅有23%台灣人願抵抗。在被問到，「如果台灣與大陸發生戰爭，請問您認為大多數台灣人會不會抵抗？」回答「會」（28.6%）和「一定會」（33.0%），合計超過六成。意味著一旦兩岸發生戰爭，多數台灣民眾表示個人不會抵抗，但卻認為別人會抵抗。試問這樣的調查數字，怎麼不令人對台灣的未來擔心呢？不發生軍事衝突則已，一旦發生只有投降一途，這是台灣人樂見的結果嗎？

第四，有關於統一與不統及獨立的矛盾，在於憲法有預設終極統一的立場，實際政治運作卻偏向不統或甚至獨立的方向發展。中華民國憲法增修條文在前言提及「為因應國家統一前之需要，依照憲法第二十七條第一項第三款及第一百七十四條第一款之規定，增修本憲法條文如左」等字句。兩岸人民關係條例的第1條也明定：「『國家統一前』，為確保臺灣地區安全與民眾福祉，規範臺灣地區與大陸地區人民之往來，並處理衍生之法律事件，特制定本條例。」既然都提及國家統一前的需要，不就代表「現狀」是暫時現象，未來是要朝向統一的

方向發展。1991年總統府國統會制訂，後經行政院院會決議通過的「國家統一綱領」，將兩岸關係發展區分為近程交流互惠、中程互信合作、遠程協商統一，也是按照中華民國憲法而來。在未修憲或制憲前，大陸政策理應向統一趨近。不過實際政治運作，卻非如此！

國民黨的黨章明定要實現統一的目標，也曾經制訂「國統綱領」，照理說國民黨在2008年重新取得中央執政權，理應恢復被前總統陳水扁終止適用的「國統會」與「國統綱領」才是。不過馬英九卻已經明確表達「不統、不獨、不武」是當前兩岸政策的指導方針，不會因為兩岸關係的改善而有所改變。馬英九將「不統」當成是政策方針，任內當然就不會將統一當成施政目標，這恐怕是顧及台灣內部的政治現實，不得不採取的政策措施。參與2024年總統選舉的國民黨參選人侯友宜市長也表示，未來執政會用馬英九的「不統、不獨、不武」政策。換言之，侯友宜未來不論是出任4年或8年的中華民國總統，追求統一也不是國民黨執政的施政目標。

民進黨則表面上看似採取的是維持現狀的政策，在實際的政治運作卻是採取偏獨的立場。姑且不論該黨有宣稱已成為歷史文件的「台獨黨綱」，即使是為了因應台灣現狀的「台灣前途決議文」，也提及「台灣是一主權獨立國家，其主權領域

僅及於台澎金馬與其附屬島嶼，以及符合國際法規定之領海與鄰接水域」。明定主權領域僅及於台澎金馬與其附屬島嶼，是讓中華民國獨立於整體中國之外。蔡英文國慶演說不僅讓已經一百多年的中華民國只剩下七十二年，國名也改為「中華民國台灣」，可謂是將「中華民國是台灣」予以實體化，若再搭配「堅持中華民國與中華人民共和國互不隸屬」的說法，明顯是以「新兩國論」確立「中華民國台灣」獨立於整體中國之外。

　　台灣已被此種統一、不統或其至獨立的議題困擾近30年，任何黨執政恐怕都難以順利解決此一矛盾問題，也間接讓台灣浪費不少時間在內耗當中。這不僅讓台灣經濟無法恢復往日榮景，也讓台灣的競爭力一點一點在流失，試問台灣的未來30年還要再被此一矛盾困擾嗎？實力不足，又如何在台美中三邊關係扮演棋手的角色，而不是被當成棋子？

　　最後，全球化與本土化的矛盾之所以發生，係因發展應擁抱全球化與教育卻著重本土化間產生爭議。全球化是商品、服務、技術、投資、以及人員和資訊鮮少限制的跨境流動。台灣四面環海，天然資源有限，若要有好的發展，勢必要利用全球化鮮少跨境流動限制的契機對外開放，以吸引更多資源來到台灣。WTO無疑是全球化的代表，台灣在2002年以「台澎金馬單獨關稅領域」（TPKM, Chinese Taipei）成為

WTO正式會員，原本可以趁著這波經濟全球化的浪潮，讓台灣的經濟可以維持高速與穩定成長。不料因為多哈回合談判停滯不前，使得台灣想要利用參與WTO使經濟成長再創新高的目標打了折扣。

　　既然擁抱全球化的結果不如預期，台灣若要經濟再穩定成長，就必須在取代全球化的區域化上有新的進展。CPTPP雖然只有5億消費者，但也佔了全球GDP 13.5%，其重要性也不容小覷。若能加入CPTPP，對於以經貿帶動經濟成長的台灣而言，應將之列為施政重點。只是台灣2021年9才提出申請，比已簽署加入的英國晚了近7個月才申請，甚至比中國大陸的申請都晚10天。這也說明台灣在申請參加亞太區域經濟協定，似乎未全力以赴，否則應在英國提出申請後，立即提出。姑且不論大陸會否先台灣加入而封殺台灣，與大陸走得近的東南亞國家會否同意亦是課題，若是台灣要以加入區域化的CPTPP來取代全球化功能不彰的WTO，恐怕要想方設法找到不使中國大陸造成阻礙的出路。

　　台灣經濟發展倚賴對外貿易甚深，故擁抱全球化確實是讓台灣經濟永續發展非常重要的手段。不過由於台灣特殊的歷史文化背景，加上曾受到「台灣地位未定論」的影響，台灣部分人士始終有可以「人民自決」方式決定國家定位的期待。

為了有朝一日能夠透過公民投票決定正名制憲，以台灣為主體，切斷與傳統中國歷史之聯繫的本土化教育勢必不可少，否則如何能與中國大陸作出區隔？如此就能順理成章地區分「我者」與「他者」，為正名制憲公投創造條件。

2006年以後，台灣中學歷史課本的「本國史」被分割為「中國史」與「台灣史」，「台灣史」單獨成冊，區別了漢人與台灣原住民兩個概念，以台灣島與本地居民為主體，明顯在與大陸作出區隔，2019年新課綱高中歷史將不再分台灣史、中國史及世界史，而是分出3個分域：台灣、東亞及世界，並將中國史改放在東亞史的脈絡下討論，「去中國化」的意圖更加明顯。其他諸如鄉土語言教育與雙語政策的推動亦是如此，不著眼於文化傳承，而在於為「去中國化」的政治服務，不僅無法達到學習鄉土語與增強英語能力，反而會讓學生無法以母語吸收知識而喪失競爭力。此種矛盾不解，台灣成為他國的文化殖民地是指可待之事，使「在地全球化」成為奢望。

第二節　化解矛盾需要共識

台灣曾有「台灣錢淹腳目」的經濟榮景，有此成就不是因為台灣當時沒有外在威脅，也不是沒有內部矛盾，而是當時

的國家發展目標明確，就是厚植台灣經濟實力，讓台灣面對外來競爭與威脅，能立於不敗之地。如今台灣面對比昔日更強大的的中國大陸的競爭與威脅，實在沒有餘力在內部找敵人，而是要設法化解矛盾，團結一致對外，否則如何能對得起前人在維持台灣永續發展所付出的心血。台灣當前所面臨的五大矛盾，亟需朝野政黨與全體民眾凝聚共識，讓台灣未來的30年，不像過去的30年有如此多的內部紛擾。

台灣不論在憲法或政治上都面臨國家地位不清的困境，然而經過了數十年的努力，中華民國的國際生存空間不但沒有開拓，反而每下愈況！至2023年為止，中華民國的正式邦交國只剩下13個。其中在義大利羅馬城內的教廷共和國，則隨時可能與中華民國斷交。屆時邦交國將只剩下12個，尤其是教廷在歐洲，這對中華民國國民而言，衝擊將更大。台灣要繼續砸錢來維持隨時可能與台灣斷交的邦交國嗎？或是為了實質關係的增進而有損本身利益嗎？

鑑往知來，台灣若要突破中共的外交封鎖，厚植經濟實力仍然是重要的途徑，因此台灣各界不該再將精神放在爭論台灣國家地位的問題，而應將焦點置於經濟發展，並且協助他國發展經濟，如此自然能夠在國際生存空間開拓上有新的進展。更何況中華民國憲法是台灣各界的最大公約數，國家定位

就以憲法為準，而不是再花精神去爭論或質疑是否維護主權不力，更應將選舉只當成是選「政府」，而非選「國家」，如此才不致讓台灣浪費時間在難以操之在己的事情上，延誤增進全民福祉的良機。

若是台灣在政治上「去中化」，相應地也在經貿上展開分散外貿市場的「去中化」，相信會對於政治上的「去中化」有加乘作用。就如同美國為在政治上抑制中國大陸快速崛起，在經貿上也採行貿易戰、科技戰等「脫勾」舉措，或起碼是「去風險」。台灣不但沒有在經貿減少對中國大陸的依賴度，反而增加經貿「趨中化」程度，此種矛盾豈非讓台灣隨時面臨大陸「以商圍政」的風險嗎？若是不能達成經貿「去中化」，至少要在政治上維持與大陸的友好關係，否則一旦大陸因為政治原因，中斷兩岸貿易，台灣可以承受嗎？

就風險管理的角度而言，雞蛋是不該放在同一個籃子裡面，台灣其實需要花大力氣去推動南向政策，運用台灣的經濟實力拓展東南亞與南亞市場，增加雙方的經貿往來。在參加區域化組織方面，要為加入CPTPP做好充分準備，就像當初台灣加入WTO之前已經針對可能受影響產業，成立基金協助該等產業轉型或補償。由於大陸經貿影響力日增，台灣要完全繞過大陸而加入CPTPP的難度甚大，因此維持兩岸的和諧關

係，是避免大陸干擾台灣加入的重要手段。這不是寄望大陸的善意，而是創造兩岸雙贏的機會。

各種民意調查均顯示，由於兩岸交流官方交流中斷，任何事件的風吹草動都可能因為缺乏溝通管道，進而使雙方的敵意加深。既然敵意加深，台灣理應加強建軍備戰，以免「台海有事」時反應不及。然而實際上台灣在建軍備軍上卻顯得準備不足，此種政治與軍事上的矛盾企需化解，否則台灣隨時可能陷入極端危險的境地。以現行的兩岸軍力對比，台灣當然不是大陸的對手，但是起碼要增加大陸對台動武成本，使其不致輕啟戰端。總而言之，即使面對兵凶戰危的兩岸情勢，台灣人確實需要拋棄「好男不當兵」的想法，做好為台灣挺身一戰的準備。

軍事向來是為政治服務，若是台灣不樂見兩岸軍事衝突，要拆除可能引爆兩岸軍事衝突的引信，當然必須靠政治對話解決。既然大陸官方表示台獨必有一戰，且將之納入反國家分裂法之中，因此只要台灣不走向法理獨立之路，兩岸在短時間之內發生軍事衝突的機率就低。更何況美國也不支持台灣獨立，需要美國協助防衛的台灣，有什麼理由要因為追求法理獨立而引爆軍事衝突。至於大陸會否發動統一戰，那就要看兩岸關係會否發展到和平統一的可能性完全喪失而定。因此還是

那句老話台灣不能讓大陸感到「軍事上太樂觀、政治上太悲觀」。

中華民國憲法本有兩岸終極統一的設計，主要政黨理應按照憲法明定的方向走，但是囿於國內政治生態環境的影響，不得不在政治運作上立場有所調整。原本有追求國家統一目標的國民黨，擔心若高舉統一的大旗，可能永遠無法取得中央執政權，只得繼續主張「不統、不獨、不武」的立場。反觀原本有建立新而獨立國家目標的民進黨，擔心繼續走台獨路線，恐引發兩岸軍事衝突，不得已也只能接受中華民國的國名及其現狀，但是又不甘心，所以時不時就會出現「台灣中國、一邊一國」、「中華民國台灣」、「台灣總統進入白宮」等的說法。

這就是憲法預設統一與實際政治運作趨向不統及獨立的矛盾，若是此等矛盾不解，台灣恐怕很難跳脫時時必須為統獨議題爭辯的泥沼，無形當中也消耗讓台灣能義無反顧向前發展的力量。回想起1970到現在1990年代，統獨議題的爭議沒有如此激烈，台灣經濟才得以起飛，也才能成為亞洲四小龍之一，可是如今卻已褪色。若是統獨爭辯能找到出路倒也不妨，然而這議題已從1990年代一直爭辯到如今，除了內耗以外，看不到出路那裡，何不擱置爭辯，全力發展經濟並厚植台

灣的各項實力，如此才有能力走出自己認可的路，不是嗎？

　　台灣四面環海，天然資源有限，若要有好的發展，勢必要跨越邊界限制對外開放，否則如何能夠吸引更多資源來到台灣。另一方面台灣也不斷地透過建構認同，以找到立足於世界的位置，以致出現此種既需要擁抱全球化、在教育上卻著重本土化的矛盾現象。台灣經濟若要發展確實需要在全球化方面花費更多心力，而運用中國大陸市場亦是全球化的一環。對台灣經濟發展至關重要的工業總會，其理事長更表示，「兩岸聯手一起賺全世界的錢」，不就可以創造雙贏嗎？

　　因此政府應摒棄基於政治或意識形態的原因，著重於去「中國化」的本土化教育政策。讓所有的鄉土語言教育與雙語政策，回歸到語言作為溝通工具與文化傳承本身，不再承載「去中國化」的政治任務，才不致造成青年學子的競爭力喪失，使台灣淪為文化殖民地的景況產生。實際上本土化與全球化原本有機會不造成互斥現象，台灣珍珠奶茶、鼎泰豐、台積電得以在全球各地設點，就是「在地全球化」的最佳例證。若是政策正確，就能讓全球化與本土化有機的結合，為對台灣未來的發展再造願景。

　　本書在結尾時要再強調，台灣天然資源極其有限，靠的就是人力資源與政府適切的政策引導，執全世界高階晶片製造

之牛耳的台積電，就是這兩項因素結合的最佳例證。不過經過教改台灣的人力資源正在流失，政府政策又因為太過於政治化，以致未能有效發揮引導市場發展的作用。大國因為資源豐富，即使政策失誤後要調整也能迎頭趕上，可是小國如台灣，若政策失誤可能面臨萬劫不復的處境，怎能不如臨深淵、如履薄冰呢？

參考文獻

中文部分

中國國民黨黨章。10/30/2021。**中國國民黨**，http://www.kmt.org.
　　tw/2022/03/blog-post_55.html。上網日期：2023年8月9日。

台灣申請加入CPTPP中國外交部跳腳：堅決反對！9/23/2021。
　　自由時報，https://news.ltn.com.tw/news/politics/
　　breakingnews/3681344。上網日期：2023年7月22日。

台灣總統府指恢復國統會報導傳言。7/6/2008。**美國之音中
　　文**，https://www.voachinese.com/a/a-21-w2008-07-06-
　　voa34-63086757/1049445.html。上網日期：2023年8月9日。

民調：兩岸若開戰僅23％台灣人願抵抗，卻有6成相信他人
　　會。4/9/2019。**遠見雜誌**，https://www.gvm.com.tw/
　　article/60428。上網日期：2023年8月5日。

兩岸水果大戰台灣向WTO申訴能否奏效引發討論。10/1/2021。
　　BBC，2021年10月1日，https://www.bbc.com/zhongwen/trad/
　　business-58759700。上網日期：2023年7月22日。

為什麼要爭取賣台？5/12/2017。**聯合報**，http://blog.udn.com/
　　leelih2002/102573629。上網日期：2023年3月2日。

英國加入CPTPP下一個是台灣？3/31/2023。**德國之聲中文網**，
　　https://www.dw.com/zh/%E8%8B%B1%E5%9C%8B%E5
　　%8A%A0%E5%85%A5cptpp-%E4%B8%8B%E4%B8%8
　　0%E5%80%8B%E6%98%AF%E5%8F%B0%E7%81%A3/
　　a-65176941?zhongwen=trad。上網日期：2023年8月14日。

陳明通：任內不會推動「第二共和憲法」。5/24/2007。**中評社**，
　　http://hk.crntt.com/doc/1003/7/4/8/100374852.html?coluid=19
　　&kindid=0&docid=100374852。上網日期：2023年8月9日。

無論擔任哪項職務都不會變　賴清德：我主張台獨！9/26/2017。**自由
　　時報**，2017年9月26日，https://news.ltn.com.tw/news/politics/
　　breakingnews/2204780。上網日期：2023年8月10日。

誰更支持「武統」台灣？一份針對中國大陸受訪者的民調說了些什
　　麼？5/30/2023。**BBC中文**，https://www.bbc.com/zhongwen/
　　trad/chinese-news-65745337。上網日期：2023年7月30日。

整理包／課綱微調爭議　到底在吵什麼？7/24/2015。**聯合新聞網**，
　　https://theme.udn.com/theme/story/7491/1076685。上網日
　　期：2023年8月14日。

中央社。12/30/2022。台灣民主基金會民調：逾7成民眾願為抗中武
　　統而戰，**聯合報**，https://udn.com/news/story/6656/6875450。
　　上網日期：2023年8月5日。

丘延亮。2000。中華民國「第二共和」的啟始？**台灣社會研究季
　　刊**，40:83-102。

江今葉。6/7/2022。，談九二共識，朱立倫:沒有共識的共識，**中央社**，https://www.cna.com.tw/news/aipl/202206070013.aspx。上網日期：2023年8月9日。

宋淑玉。2012。馬英九執政時期台灣「一個中國認同」問題的解析，**思想理論教育導刊**，第6期（總162期），頁58-60。

呂佳瑩。9/10/2022。中國大陸官媒：九二共識口有「一中」沒有「各表」，**中央社**，https://www.cna.com.tw/news/acn/202209100105.aspx。上網日期：2023年6月3日。

呂嘉鴻，1/11/2021。台灣出口中國佔比攀升引爆經濟彼此依賴或「脫鉤」辯論，BBC，https://www.bbc.com/zhongwen/trad/chinese-news-55587490。上網日期：2023年6月3日。

吳耀明、馮厚美。2007。鄉土語言教學政策形成與實施現況訪談分析，**屏東教育大學學報**，26:37-72。

李欣芳。4/16/2010。蔡英文：力推公投　否決ECFA，**自由時報**，https://news.ltn.com.tw/news/focus/paper/391346。上網日期：2023年6月3日。

李欣芳等。5/26/2010。，蔡英文：中華民國是流亡政府，**自由時報**，https://news.ltn.com.tw/news/politics/paper/398509。上網日期：2023年8月14日。

李欣芳。4/15/2018。再談台獨　賴揆提「3務實、6方向」，**自由時報**，https://news.ltn.com.tw/news/politics/breakingnews/2395955。上網日期：2023年8月10日。

李欣芳。5/1/2022。台灣地位未定論掀波、陳儀深：美當年運作未定論、防台灣歸中國，**自由時報**，https://news.ltn.com.tw/

news/politics/paper/1514694。上網日期：2023年8月14日。

李登輝。5/19/1996。總統就職演說，**中華民國總統府**，https://www.president.gov.tw/NEWS/22070。上網日期：2023年4月19日。

李登輝。7/09/1999。總統接受德國之聲專訪，**中華民國總統府**，https://www.president.gov.tw/NEWS/5749。上網日期：2023年4月23日。

李澄欣。12/27/2022。台灣延長義務兵役至一年　蔡英文「困難決定」背後的壓力，**BBC中文**，2022年12月27日，https://www.bbc.com/zhongwen/trad/chinese-news-64102726。上網日期：2023年8月4日。

邱莉燕。12/18/2015。15次會談、23項協議，邁向穩健互動，**遠見雜誌**，https://www.gvm.com.tw/article/21305。上網日期：2023年8月9日。

祁冬濤。9/17/2021。大陸城市居民如何看武統？**聯合早報**，https://www.kzaobao.com/mon/keji/20210917/100534.html。上網日期：2023年8月1日。

吳書緯。4/11/2023。共機單日91架次擾台創新高　國防部公布航跡圖涵蓋山東號起降機，**自由時報**，https://news.ltn.com.tw/news/politics/breakingnews/4266598。上網日期：2023年8月4日。

吳靜君。3/19/2022。鳳梨、釋迦、蓮霧」禁輸陸　今年出口最高掉9成，**中國時報**，https://www.chinatimes.com/realtimenews/20220319002266-260410?chdtv。上網日期：2023年7月20日。

杜震華。8/10/2020。李登輝與亞太營運中心，**Cofacts**，https://cofacts. tw/article/35qplpbadz603。上網日期：2023年1月2日。

林志鴻。8/3/2022。歷史上的今天：陳水扁總統提出「一邊一國」，**新台灣和平基金會**，2022年8月3日，http://www.twpeace.org. tw/wordpress/?p=2103。上網日期：2023年6月3日。

林金源。11/3/2014。選國家不是選政黨，**國政評論**，https://www. npf.org.tw/1/14342。上網日期：2023年3月28日。

施正峰。2/11/2022。台灣人的日本情懷，**中國時報**，2022年2月11日，https://www.chinatimes.com/newspapers/20220211000523-260109?chdtv。上網日期：2023年8月15日。

屈彥辰。4/21/2023。，農委會嗆向WTO告中國停我產品輸入、王鴻薇：一件都沒有，**聯合報**，https://udn.com/news/story/6656/7113563。上網日期：2023年7月22日。

法務部。中華民國憲法，**全國法規資料庫**，https://law.moj.gov.tw/LawClass/LawAll.aspx?pcode=A0000001。上網日期：2023年2月14日。

社論。2/15/2023。美對陸逆差創次高，貿易戰打辛酸的？**中華日報**，https://www.cdns.com.tw/articles/747526。上網日期：2023年7月20日。

社論。4/15/2009。以「中華台北」換取旁聽WHA　喪權辱國，**自由時報**，https://talk.ltn.com.tw/article/paper/295694。上網日期：2023年3月2日。

陶以哲。10/28/2022。雙語政策行不行？如果解決這些問題，台灣更有機會走向世界，**獨立評論**，https://opinion.cw.com.tw/

blog/profile/507/article/12898。上網日期：2023年8月15日。

陸委會。台海兩岸關係的發展。**大陸資訊及研究中心**，https://www.
mac.gov.tw/MAIRC/cp.aspx?n=036E78FF20D91CFA。上網
日期：2023年8月5日。

陸委會。國家統一綱領。**大陸資訊及研究中心**，https://www.mac.
gov.tw/MAIRC/cp.aspx?n=4C58A4ADA7179B7F&s=0BA88
C5B2082277F。上網日期：2023年8月5日。

陳水扁。5/20/2000。中華民國第十任總統、副總統就職慶祝
大會，**中華民國總統府**，https://www.president.gov.tw/
NEWS/6742。上網日期：2023年4月30日。

陳政宇。7/20/2023。傳賴清德「走入白宮說」被關切　吳釗燮：
美國資深官員已否認，**自由時報**，https://news.ltn.com.tw/
news/politics/breakingnews/4369794。上網日期：2023年8
月11日。

陳政錄。8/18/2023。ECFA會終止？陸學者估：大陸將逐步單方面調
整，**聯合報**，https://udn.com/news/story/123698/7379386。上
網日期：2023年8月19日。

許維寧。10/1/2022。英語、專業全盤皆輸　教育部雙語政策恐淪
「三振出局」，**聯合報**，https://udn.com/news/story/6885/
6654310。上網日期：2023年8月15日

許維寧。4/25/2023。雙語政策中小學一頭熱　學者揭「越早學越好」
僅是迷思，**聯合報**，https://udn.com/news/story/6885/7121846。
上網日期：2023年8月15日。

黃光國，自我殖民的雙語政策，**中國時報**，2022年7月6日，版12。

黃雅詩。10/25/2021。中國逼梵蒂岡與台灣斷交　教廷要求先設北京使館再談，**中央社**，https://www.cna.com.tw/news/firstnews/202110250014.aspx。上網日期：2023年3月12日。

黃爾璇。重構台灣憲法的途徑──修舊憲或制新憲。**台灣國**http://www.taiwannation.org.tw/ng/page_d_03.htm。上網日期：2023年8月9日。

習近平。1/2/2019。在《告台灣同胞書》發表40周年紀念會上的講話，**新華網**，2019年1月2日，http://cpc.people.com.cn/BIG5/n1/2019/0102/c64094-30499664.html。上網日期：2023年8月10日。

隋杜卿。3/30/2007。，「第二共和」是啥米碗糕？（一），**國政評論**，https://www.npf.org.tw/1/1783。上網日期：2023年8月9日。

時評。12/14/2022。向WTO告狀沒有用，**中國時報**，https://www.chinatimes.com/newspapers/20221214000419-260109?chdtv。上網日期：2023年7月22日。

涂鉅旻。10/6/2021。談台海局勢　邱國正：我從軍40多年來最嚴峻，**自由時報**，https://news.ltn.com.tw/news/politics/breakingnews/3694783。上網日期：2023年8月4日。

孫雲。2013。從「我群」到「他者」：20世紀90年代以來台灣民眾認同轉變的成因分析，**台灣研究集刊**，第3期（總127期），頁8-14。

徐曉迪。2013。「鏡像認知」到「增量認同」：台灣民眾國家認同趨向研究，**中央社會主義學院學報**，第4期（總182期），頁85-90。

崔慈悌。2/8/2016。李登輝稱第二共和 府：毫無根據，**工商時報**，https://www.chinatimes.com/realtimenews/20160218002106-260407?chdtv。上網日期：2023年8月6日。

翁至威。6/5/2022。我對陸港出超 突破千億美元，**經濟日報**，https://udn.com/news/story/7238/6364278。上網日期：2023年6月3日。

曾志超。3/28/2022。農產品出口崩盤農委會難辭其咎，**Yahoo新聞**，https://tw.news.yahoo.com/news/%E3%80%90-yahoo%E8%AB%96%E5%A3%87%EF%BC%8F%E6%9B%BE%E5%BF%97%E8%B6%85%E3%80%91%E8%BE%B2%E7%94%A2%E5%93%81%E5%87%BA%E5%8F%A3%E5%B4%A9%E7%9B%A4%E8%BE%B2%E5%A7%94%E6%9C%83%E9%9B%A3%E8%BE%AD%E5%85%B6%E5%92%8E-230000708.html。上網日期：2023年7月21日。

張戌誼。6/1/1995。交通部長劉兆玄：亞太營運中心為何非做不可？，**天下雜誌**，https://www.cw.com.tw/article/5105995，上網日期：2023年2月5日。

張佩芬。9/25/2022。全球貨櫃港排名高雄港自16降為18、業者認為只能轉向物流等業務，**ETtoday財經雲**，https://finance.ettoday.net/news/2345114#ixzz7sXE3tDrv。上網日期：2023年2月5日。

張柏源。8/7/2023。不接受被貼「台獨金孫」標籤 賴清德：台灣斬釘截鐵不屬於中國一部分，**Newtalk新聞**，https://newtalk.tw/news/view/2023-08-07/883205。上網日期：2023年8月10日。

張睿廷。8/2/2023。接受日媒專訪／引馬英九說法談兩岸　侯友宜：不統不獨不武，**聯合報**，https://udn.com/news/story/123307/7340709。上網日期：2023年8月10日。

賴素芬。3/8/2023。以色列男女皆兵　全民備戰躋身軍事強國，**聯合新聞網**，https://udn.com/news/story/6843/7015291。上網日期：2023年8月4日。

郭怜妤。9/24/2020。台灣人選邊站？6成1對美國有好感，6成7對中國反感，**風傳媒**，https://www.storm.mg/article/3057349。上網日期：2023年7月23日。

郭震遠。2012。台灣的兩岸國家認同缺失及其對兩岸關係的影響，**中國評論**，第176期，頁11-14。

彭琬馨。6/10/2018。2020東京奧運台灣正名、永山英樹：台灣政府要勇敢一點，**自由時報**，https://news.ltn.com.tw/news/politics/breakingnews/2453839。上網日期：2023年3月1日。

彭琬馨。10/16/2020。，民主基金會民調：中共若武統台灣　近8成民眾願為台而戰，**自由時報**，https://news.ltn.com.tw/news/politics/breakingnews/3323129。上網日期：2023年8月5日。

彭蕙仙。7/31/2017。惹民怨　蔡英文自保靠三招，**國政評論**，https://www.npf.org.tw/1/17229。上網日期：2023年6月3日。

詹如玉。9/10/2018。南韓宣布縮短役期！10月起「隔兩週就減1天」、最短當18個月兵就能退伍，**風傳媒**，https://www.storm.mg/article/490261。上網日期：2023年8月4日。

湯銘新。9/10/2012。解析「奧會模式」與政治歧視－追記「兩會洛桑協議」之淵源，**國民體育季刊**，行政院體育委員會，

37卷1期，https://web.archive.org/web/20120910201612/
http:/www.sac.gov.tw/resource/annualreport/Quarterly156/
p3.asp。上網日期：2023年2月28日。

楊丞彧。12/29/2021。抗中保台不是口號！民調：超過6成國人願為
台灣而戰，**自由時報**，https://news.ltn.com.tw/news/politics/
breakingnews/3784467。上網日期：2023年8月5日。

楊明珠。3/31/2023。英國申入CPTPP獲准創先例、日媒分析：
下一個就是台灣，**中央社**，https://www.cna.com.tw/news/
aopl/202303310018.aspx。上網日期：2023年8月14日。

楊素玲，國小閩南語教學實施現狀與未來展望，**臺灣教育評論月
刊**，2021年10月，10:147-151。

馮靖惠等。8/9/2018。去中國史？變東亞史？歷史新課綱大翻轉，
聯合新聞網，https://udn.com/news/story/12401/3299701。
上網日期：2023年8月14日。

諄筆群。9/19/2022。點教育》我們對雙語教育的覺知——
不要被英語綁架，**風傳媒**，https://www.storm.mg/
article/4497410?mode=whole。上網日期：2023年8月14日。

蔡英文。10/10/2021。共識化分歧、團結守台灣，總統發表國
慶演說，**中華民國總統府**，https://www.president.gov.tw/
News/26253。上網日期：2023年8月10日。

經建會。1995。**中華民國八十三年經濟年報—發展台灣成為亞太營
中心**，經建會編印。

葉陽明。2006。西德因應德國分裂時期（1949-1990）之憲政安
排，**國際關係學報**，22期，頁11-43。

葉萬安。2019。為什麼台灣經濟由盛而衰？70年來經濟自由化的發展經驗，**遠見天下文化出版社**。

廖士鋒。10/19/2022。「國統綱領」是否需要恢復？馬英九：時機已過，**聯合報**，https://udn.com/news/story/7331/6699757。上網日期：2023年8月9日。

廖士鋒。8/18/2023。大陸將斷ECFA稅收優惠？國台辦：台灣違反ECFA條款，**經濟日報**，https://money.udn.com/money/story/5603/7377904。上網日期：2023年8月19日。

廖中武。2012。政治社會化：台灣民眾國家認同的建構路徑，**湖南師範大學社會科學學報**，第4期，頁69-74。

遠東經濟研究顧問社徐小波等。1994。**在台灣設立亞太營運中心可行性研究**，台北：經濟部投資業務處編印。

編輯室。03/26/2023。邦交地圖盤點／宏都拉斯與我斷交、邦交國剩這13國，**聯合新聞網**，https://udn.com/news/story/123264/4023507。上網日期：2023年3月28日。

鍾廣政。1/24/2018。【公投運動】團體發起以「台灣」名義參加下屆奧運，**自由亞洲電台**，https://www.rfa.org/cantonese/news/htm/tw-name-01242022053711.html。上網日期：2023年3月1日。

羅立邦。2/21/2023。若共軍犯台……4成7民眾對國軍沒信心、46.5%不信美軍會來，**風傳媒**，https://www.storm.mg/article/4738462。上網日期：2023年8月5日。

蘇君薇。11/19/2018。東奧正名遭國際奧會三度警告：尊重言論自由，但不會核准正名申請，**今周刊**，https://www.businesstoday.

com.tw/article/category/161153/post/201811190016/。上網日
期：2023年3月1日。

蘇進強。9/16/2013。恢復國統綱領就在馬英九一念之間，**台灣中評
綱**，http://www.crntt.tw/crn-webapp/doc/docDetailCreate.js
p?coluid=247&kindid=14041&docid=102731653&page=2&
mdate=0919130654。上網日期：2023年8月9日。

觀點。12/21/2022。2023台灣民心動向大調查，**遠見雜誌**，https://
gvsrc.cwgv.com.tw/articles/index/14880。上網日期：2023年
7月22日。

謝武雄。3/30/2022。擔心役期延長　議員服務處電話接到
爆，**自由時報**，https://news.ltn.com.tw/news/politics/
breakingnews/3877301。上網日期：2023年8月4日。

劉玉秋。7/10/2023。賴清德：台灣總統走入白宮　政治目標就達
成了，**中央廣播電台**，https://www.rti.org.tw/news/view/
id/2173121。上網日期：2023年8月11日。

英文部分

"CPTPP explained", *Government of Canada*, https://www.international.
gc.ca/trade-commerce/trade-agreements-accords-commerciaux/
agr-acc/cptpp-ptpgp/cptpp_explained-ptpgp_apercu.aspx?lang=
eng.Retrieved on Aug 12, 2023.

"Overview", *World Trade Organization,* https://www.wto.org/

english/thewto_e/whatis_e/wto_dg_stat_e.htm. Retrieved on Aug 12, 2023.

"The RCEP Agreement Enters into Force", *ASEAN*, https://asean.org/rcep-agreement-enters-into-force/. Retrieved on Aug 12, 2023.

"The WTO", *World Trade Organization,* https://www.wto.org/english/thewto_e/thewto_e.htm. Retrieved on Aug 12, 2023.

"What Is Globalization? And How Has the Global Economy Shaped the United States?" *IPEE,* October 29, 2018, https://www.piie.com/microsites/globalization/what-is-globalization. Retrieved on Aug 12, 2023.

David, Dharshini. 7/16/2023. "CPTPP: UK agrees to join Asia's trade club but what is it?", **BBC,** https://www.bbc.com/news/explainers-55858490. Retrieved on Aug 14, 2023.

Day, Dong-Ching. 2021. Four Asian Tigers' Political and Economic Development Revisited 1998-2017: From the Perspective of National Identity, *Asian Journal of Interdisciplinary Research,* 4(4): 54-61.

Devlin, Kat and Christine Huang. 5/12/2020. "In Taiwan, Views of Mainland China Mostly Negative", *Pew Research Center,* https://www.pewresearch.org/global/2020/05/12/in-taiwan-views-of-mainland-china-mostly-negative/. Retrieved on July 23, 2023.

Fernando, Jason. 3/28/2023.Globalization in Business With

History and Pros and Cons, *Investopedia*, https://www.
investopedia.com/terms/g/globalization.asp. Retrieved on
Aug 12, 2023.

Glahn, Gerhard von. 1965. *Law among Nations: An Introduction to
Public International Law,* New York: The Macmillan Company.

He, Tian and Michael Magcamit. 7/7/2022. "The Political
Challenges to Taiwan's Bid to Join the CPTPP", *Taiwan
Insight,* https://taiwaninsight.org/2022/07/07/the-political-
challenges-to-taiwans-bid-to-join-the-cptpp/. Retrieved on
July 22, 2023.

Liu, Adam Y. and Xiaojun Li. 5/14/2023. "Assessing Public
Support for (Non-) Peaceful Unification with Taiwan:
Evidence from a Nationwide Survey in China", *Journal of
Contemporary China,* 14 May 2023, https://www.tandfonline.
com/doi/full/10.1080/10670564.2023.2209524. Retrieved on
July 30, 2023.

Qi, Dongtao, Suixin Zhang, Shengqiao Lin. 2023. "Urban Chinese
Support for Armed Unification with Taiwan: Social Status,
National Pride, and Understanding of Taiwan", Journal of
Contemporary China, Volume 32, Issue 143: 727-744.

Stephens, Hugh and Jeff Kucharski. 11/15/2022. "The CPTPP
Bids of China and Taiwan: Issues and Implications", *Asia
Pacific Foundation of Canada,* November 15, 2022, https://
www.asiapacific.ca/publication/cptpp-bids-of-china-and-

taiwan-issues-and-implications. Retrieved on July 23, 2023.

Shearer, I. A... 1994. *Starke's International Law,* 11th ed. London: Butterworth & Co.

Tan, Su-Lin. 6/20/2022. "Former U.S. ambassador says lifting China tariffs could slash inflation by 1% over time, help Biden in midterms", *CNBC,* https://www.cnbc.com/2022/06/21/former-us-ambassador-says-lifting-china-tariffs-could-cut-inflation.html. Retrieved on July 21, 2023.

國家圖書館出版品預行編目

認清與化解限制台灣發展的五大矛盾 / 戴東清著.
-- 臺北市：致出版, 2023.11
面；　公分
ISBN 978-986-5573-67-6(平裝)

1.CST: 政治經濟學 2.CST: 臺灣

550.1657　　　　　　　　　　　112017801

認清與化解限制台灣發展的五大矛盾

作　　者／戴東清
出版策劃／致出版
製作銷售／秀威資訊科技股份有限公司
　　　　　114 台北市內湖區瑞光路76巷69號2樓
　　　　　電話：+886-2-2796-3638
　　　　　傳真：+886-2-2796-1377
網路訂購／秀威書店：https://store.showwe.tw
　　　　　博客來網路書店：https://www.books.com.tw
　　　　　三民網路書店：https://www.m.sanmin.com.tw
　　　　　讀冊生活：https://www.taaze.tw

出版日期／2023年11月　　　定價／280元

致 出 版　　　　　　　　　　向出版者致敬